사주학 입문

지샘

사주학 입문

함산 박영태 편저

머리말

필자는 그동안 공무원, 국영기업체 임원, 가수 등 연예인, 교사, 회사원, 자영업자, 대학생, 가정주부 등 다양한 직종에 종사하는 많은 사람들의 사주를 감명하면서 쌓은 실무경험과 국내에서 간행된 훌륭하신 여러 학자들의 서적을 참고하여, 이 번에 사주학 입문서를 선보이게 되었다. 특히 '적천수천미(명문당)'와 '자평진전(이담)' 그리고 조성우님의 '사주학 강의(관음출판사)', 이동규님의 '사주강의록(밀알)', 박규병님의 '역술 총정리(신아사)' 등은 이 책을 쓰는 데 큰 도움이 되었다. 필자는 초학자들을 위한 '사주학 입문'에 이어, 실제 사주풀이 위주의 '실전 사주학'도 후속편으로 내놓을 예정이다.

이 책은 입문 1부, 입문 2부, 입문 3부로 구성되어 있다. 입문 1부에서는 사주학의 가장 기초적인 개념과 이론을 다루었으며, 입문 2부에서는 입문 1부에서 학습한 내용을 기초로 하여 여러 가지 이론들을 복합적으로 응용한 종합이론을 다루었다. 말하자면 입문 2부는 이미 학습한 입문 1부와 후속편으로 출간 예정인 '실전 사주학'의 중간단계로 이해하면 된다. 입문 3부는 부록 편에 해당한다고 할 수 있다. 사주학과 간접적으로 연관이 있거나 사주학을 학습하고 난 뒤에 추가로 따로 알아 두어야 할 몇몇 분야에 대해서, 기본적인 개념과 이론을 알기 쉽게 설명해 놓았다. 구체적으로 주역, 작명, 궁합, 택일, 풍수지리, 해몽, 토정비결, 관상 등에 대하여 소개한 것이다.

부디 이 책이 사주학을 공부하는 여러분들에게 도움이 되기를 소망한다. 마지막으로, 이 책이 나올 수 있도록 여러모로 도움을 주신 사주학의 숨은 실력자 장소영 여사(필자의 아내)에게 진심으로 감사의 말씀을 드린다.

2020. 10.
함산 박영태

차 례

머리말

1부. 입문 1 / 9

2부. 입문 2 / 111

1부

입문 1

1. 음양론(陰陽論)

사주학(四柱學)은 음양오행론(陰陽五行論에)에 기본적 바탕을 두고 사람의 운명(運命)의 흐름 즉 길흉화복(吉凶禍福)을 알아보고자 하는 학문이라 할 수 있다. 따라서 음양과 오행의 의미와 이치를 아는 것이 중요하다.

먼저, 음양에 대하여 알아보기로 한다. 우주천지의 삼라만상(森羅萬象)은 모두 음 또는 양으로 되어 있다. 그리고 음과 양은 서로 상대적인 개념이라는 것을 잊어서는 안 된다.

- 밝은 것은 양이고, 어두운 것은 음이다.
  낮은 양이고, 밤은 음이다.
  태양은 양이고, 달은 음이다.

- 남자는 양이고, 여자는 음이다.
  아버지는 양이고, 어머니는 음이다.
  남편은 양이고, 아내는 음이다.
  아들은 양이고, 딸은 음이다.
  수컷은 양이고 암컷은 음이다

- 높은 것은 양이고, 낮은 것은 음이다.
  하늘은 양이고, 땅은 음이다.
  위(上)는 양이고, 아래(下)는 음이다.
  큰 것은 양이고, 작은 것은 음이다.
  넓은 것은 양이고, 좁은 것은 음이다.

- 시작은 양이고, 끝은 음이다.
  동적이면 양이고, 정적이면 음이다.
  적극적이면 양이고, 소극적이면 음이다.

- 뜨거운 것은 양이고, 차가운 것은 음이다.
  화기(火氣)은 양이고, 수기(水氣)는 음이다.
  남쪽은 양이고, 북쪽은 음이다.

- 보이지 않는 것은 양이고, 보이는 것은 음이다.
  만질 수 없으면 양이고, 만질 수 있으면 음이다.
  정신은 양이고, 육체는 음이다.
  기(氣)는 양이고, 질(質)은 음이다.

- 뾰족한 것은 양이고 오목한 것은 음이다.

- 홀수는 양이고, 짝수는 음이다.

위에서 본 바와 같이, 양은 밝고 강하고 거칠고 급하고 단순한 데 비해, 음은 어둡고 약하고 부드럽고 여유롭고 복잡하다.

2. 오행론(五行論)

이제, 오행에 대하여 알아보기로 한다. 우리가 살고 있는 태양계는 태양을 중심으로 지구, 목성, 화성, 토성, 금성, 수성 등 여러 행성들이 공전하고 있다. 이는 우리 모두가 잘 알고 있는 사실이다.

그런데 이 행성들은 각기 그 나름의 기(氣) 즉 에너지를 분출하고 있는데, 이 중 특히 목성, 화성, 토성, 금성, 수성의 기운이 지구에 살고 있는 우리 인간한테 미치는 영향이 크다는 사실을 오랜 관찰과 연구 끝에 우리는 알게 되었다. 그래서 사주학에서는 이 다섯 행성의 기운을 중요시하여 "木, 火, 土, 金, 水"라는 다섯 글자로 표현하고 오행(五行)이라 부르고 있다. 각 오행의 의미와 특성은 다음과 같다.

- 木은 나무, 봄, 청록색, 동쪽 등의 의미를 내포하고
- 火는 불, 여름, 빨간색, 남쪽 등의 의미를 내포하고
- 土는 흙, 계절과 계절 사이를 연결하는 각 계절의 끝자락, 황색, 중앙 등의 의미를 내포하고
- 金은 쇠, 가을, 흰색, 서쪽 등의 의미를 내포하고
- 水는 물, 겨울, 검은색, 북쪽 등의 의미를 내포한다.

木과 火는 양(陽)의 기운으로서 음양이론상 양에 속하고
金과 水는 음(陰)의 기운으로서 음양이론상 음에 속한다.
土는 음과 양의 기운을 다 가지고 있다.
오행 중에서 양의 기운이 가장 강한 것은 火이고
음의 기운이 가장 강한 것은 水이다.

오행의 의미와 특성에 대해서는 천간과 지지에 대해서 공부한 후, 도표로써 보다 더 상세하고 일목요연하게 정리해 놓을 것이니, 반드시 몇 번이고 반복해서 읽어 보아야 한다.

3. 오행의 상생(相生)관계

오행의 상생(相生)이란 한 오행이 다른 오행을 도와주고 자신은

다른 오행으로부터 도움을 받는 것을 말한다. 다시 말해, 각 오행은 서로 생(生)해 주는 관계를 가지는데 이를 오행의 상생 관계라 한다. 여기서 '생(生)한다'라고 하는 것은 도와준다, 사랑을 베푼다, 낳는다, 기른다 등의 의미이다.

목생화(木生火) : 목(木)은 화(火)를 생(生)한다.
나무에 불이 붙으면 불이 생긴다.
나무가 타서 불이 꺼지지 않게 도와준다.
나무가 타서 불이 더 커지게 한다(기른다).

화생토(火生土) : 화(火)는 토(土)를 생(生)한다.
불이 타고 나면 재가 생긴다.
재는 흙(땅)을 기름지게 도와준다.

토생금(土生金) : 토(土)는 금(金)을 생(生)한다.
흙(땅)에서 쇠(철광석)가 생긴다.
흙(땅)에서 여러 가지 광물이 생성된다.

금생수(金生水) : 금(金)은 수(水)를 생(生)한다
흙속의 철광석(광물)은 수맥을 만든다.
수맥을 타고 물이 생긴다.
작은 물이 모여서 점점 더 커진다.

수생목(水生木) : 수(水)는 목(木)을 생(生)한다.
물이 있으면 나무가 싹이 튼다.
물은 나무를 자라게 한다(기른다).

생(生)하면 기운이 약해진다. 생(生)하는 오행은 생(生)하느라 즉 도와주고 베풀어 주느라 자신은 기운이 빠지게 마련이다. 이를 설기(泄氣, 기운이 새어 날아감)한다고 한다. 즉 기운이 빠진다고 한다.

그러므로 생(生)을 하는 오행은 생(生)을 받는 오행으로부터 설기(泄氣) 당한다고 할 수 있고, 생(生)을 받는 오행은 생을 하는 오행을 설기(泄氣)시킨다고 할 수 있다. 예를 들어 목생화(木生火)에서 木은 火에게 설기(泄氣)당한다고 하고 즉 기운을 '빼앗긴다'라고 하고, 화는 목을 설기(泄氣)시킨다, 즉 기운을 '빼앗는다'라고 한다.

4. 오행의 상극(相剋)관계

오행의 상극(相剋)이란 한 오행이 다른 오행으로부터 괴롭힘 또는 견제, 공격을 받고 자신도 다른 오행을 괴롭히거나 견제 또는 공격하는 것을 말한다. 다시 말해, 각 오행은 서로 극(剋)하는 관계를 가지는데 이를 오행의 상극관계라 한다. 여기서 '극(剋)한다'라고 하는 것은 괴롭힌다, 견제한다, 공격한다, 억압한다 등의 의미이다.

목극토(木剋土) : 목(木)은 토(土)를 극(剋)한다.
나무의 뿌리는 흙을 파헤치고 들어가 괴롭힌다.
나무는 흙의 영양분을 빼앗아간다.

토극수(土剋水) : 토(土)는 수(水)를 극(剋)한다.
흙은 물길을 막아 흐르지 못하게 괴롭힌다.
흙은 맑은 물을 흙탕물로 더럽게 만든다.

수극화(水剋火) : 수(水)는 화(火)를 극(剋)한다.
물은 불을 꺼지게 한다.

물이 있는 곳에서는 불이 타오르지 못한다.

화극금(火剋金) : 화(火)는 금(金)을 극(剋)한다.
불은 쇠를 녹인다.
고열에 쇠는 엿가락처럼 휘어진다.

금극목(金剋木) : 금(金)은 목(木)을 극(剋)한다
쇠는 나무를 자른다.
칼, 톱, 도끼 등 쇠는 나무를 쓰러뜨린다.

극(剋)을 하면 기운이 빠진다. 극(剋)하는 오행은 극(剋)하느라 즉 공격하거나 괴롭히느라 자신도 기운이 빠지게 마련이다. 그리고 극(剋)을 당한 오행은 공격을 받거나 괴롭힘에 시달려서 더 큰 상처를 입고 기운도 더 많이 빠진다. 예를 들어 목극토(木剋土)의 경우 토(土)는 목(木)의 극(剋)을 세게 받으면 무너지는데, 土를 극하는 木도 또한 힘을 쓰느라고 기운이 빠진다.

보통은 공격을 받거나 괴롭힘을 당하는 쪽이 다치는 경우가 일반적이나, 당하는 쪽의 힘이 훨씬 더 강하면 공격을 하거나 괴롭히는 쪽이 오히려 다치는 경우가 있다. 이런 경우 거꾸로 극(剋)을 당한다고 해서 역극(逆剋)이라고 부른다. 오행의 상극관계를 다시 정리해 보면 다음과 같다.

木은 土를 剋하면서 자신은 金의 剋을 받는다.
土는 水를 剋하면서 자신은 木의 剋을 받는다.
水는 火를 剋하면서 자신은 土의 剋을 받는다.
火는 金을 剋하면서 자신은 水의 剋을 받는다.
金은 木을 剋하면서 자신은 火의 剋을 받는다.

5. 그림으로 보는 오행의 생극(生剋)관계

오행의 상생관계와 상극관계 즉 생극(生剋)관계를 그림으로 보면 이해하기가 더 쉽다.

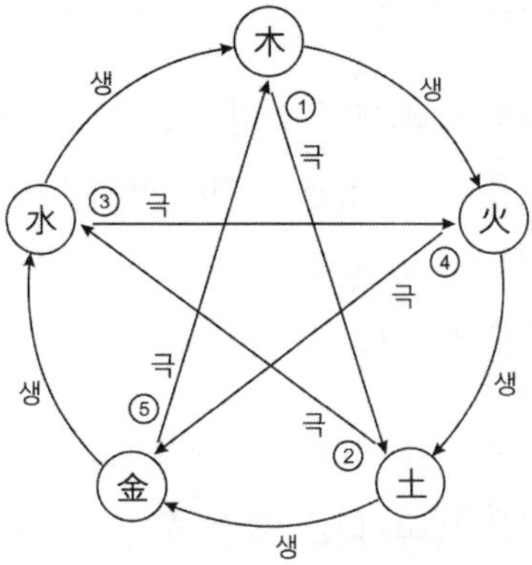

➢ 그림설명

시계방향으로 돌아가면서 서로 생(生)한다.

시계방향으로 돌아가면서 한자씩 건너서 극(剋)한다.

그림을 다시 정리해 본다.

木은 火를 生하고 火에게 설기(泄氣) 당한다.

木은 水의 生을 받고 水를 설기(泄氣)시킨다.

木은 土를 剋한다.

木은 金의 剋을 받는다.

火는 土를 生하고 土에게 설기(泄氣) 당한다.
火는 木의 生을 받고 木을 설기(泄氣)시킨다.
火는 金을 剋한다.
火는 水의 剋을 받는다.

土는 金을 生하고 金에게 설기(泄氣) 당한다.
土는 火의 生을 받고 火를 설기(泄氣)시킨다.
土는 水를 剋한다.
土는 木의 剋을 받는다.

金은 水를 生하고 水에게 설기(泄氣) 당한다.
金은 土의 生을 받고 土를 설기(泄氣)시킨다.
金은 木을 剋한다.
金은 火의 剋을 받는다.

水는 木을 生하고 木에게 설기(泄氣) 당한다.
水는 金의 生을 받고 金을 설기(泄氣)시킨다.
水는 火를 剋한다.
水는 土의 剋을 받는다.

6. 천간(天干)에 대하여

천간(天干)은 하늘의 기운 즉 천기(天氣)라고 이해하면 된다. 천간에는 모두 열 개가 있으므로 십 천간(十 天干) 또는 십간(十干)이라는 용어를 많이 사용한다. 십 천간(十 天干) 열 개의 명칭과 순서는 다음과 같다.

갑(甲), 을(乙), 병(丙), 정(丁), 무(戊)
기(己), 경(庚), 신(辛), 임(壬), 계(癸)

십 천간(十 天干)의 의미와 음양오행(陰陽五行)과의 관계를 간단하게 정리하면 다음과 같다.

- 갑(甲)은 큰 나무이다.
  甲은 음양으로 구별하면 陽이며, 오행으로는 木이다. 그래서 실무에서는 갑목(甲木)으로 붙여 부르는 경우가 많다. 건축에 쓰이는 목재이고, 열매를 맺게 하고 불을 내는 땔감으로 쓰인다.
- 을(乙)은 작은 나무이고 화초목이다.
  乙은 음양으로 구별하면 陰이며, 오행으로는 木이다. 그래서 실무에서는 을목(乙木)으로 붙여 부르는 경우가 많다. 건축재나 땔감으로 적합하지는 않지만 관상용으로 적합하고 동물들의 안식처로도 제격이다.
- 병(丙)은 태양 빛이고 큰 불이다.
  丙은 음양으로 구별하면 陽이며, 오행으로는 火이다. 그래서 실무에서는 병화(丙火)라고 붙여 부르는 경우가 많다. 밥을 짓고 기구를 만드는 등 일상생활에 필요한 불은 못되지만 식물을 생육하게 하고 세상을 따뜻하게 해 준다.
- 정(丁)은 밤 하늘의 별빛이고 인공의 불이다.
  丁은 음양으로 구별하면 陰이며, 오행으로는 火이다. 그래서 실무에서는 정화(丁火)라고 붙여 부르는 경우가 많다. 태양처럼 밝은 빛은 못 내지만 전기, 촛불, 용광로와 같은 일상생활에 필수적인 불이다.

또한 기구를 만드는 불이고 어두운 밤을 밝히는 불이기도 하다.

- 무(戊)는 크고 높은 태산이다.

  戊는 음양으로 구별하면 陽이며, 오행으로는 土이다. 그래서 실무에서는 무토(戊土)라고 붙여 부르는 경우가 많다. 큰 나무가 자라는 땅이고 바람을 막아주고 물길을 막아 준다.

- 기(己)는 논밭이고 작고 낮은 땅이다.

  己는 음양으로 구별하면 陰이며, 오행으로는 土이다. 그래서 실무에서는 기토(己土)라고 붙여 부르는 경우가 많다. 논밭의 흙이므로 쌀, 채소 등 농작물을 재배할 수 있는 땅이다.

- 경(庚)은 크고 무딘 무쇠이고 광석이다.

  庚은 음양으로 구별하면 陽이며, 오행으로는 金이다. 그래서 실무에서는 경금(庚金)이라고 붙여 부르는 경우가 많다. 제련되지 않은 무쇠덩어리이나, 물을 샘솟게 해 주기도 한다.

- 신(辛)은 가공된 작은 쇠이고 금은보석이고 기물이다.

  辛은 음양으로 구별하면 陰이며, 오행으로는 金이다. 그래서 실무에서는 신금(辛金)이라고 붙여 부르는 경우가 많다. 제련된 쇠이니 일상생활에 필수적인 도구이지만, 때로는 흉기가 될 수도 있다. 금은보석이니 귀하기도 하다.

- 임(壬)은 바다, 호수, 큰 강과 같은 큰물이다.

  壬은 음양으로 구별하면 陽이며, 오행으로는 水이다. 그래서 실무에서는 임수(壬水)라고 붙여 부르는 경우가 많다. 만물의 생육에 꼭 필요한 물이며, 사람이 먹을 수 있는 물이다.

- 계(癸)는 빗물, 개천 물, 웅덩이 물 같은 작은 물이다.

  癸는 음양으로 구별하면 陰이며, 오행으로는 水이다. 그래서 실무에서는 계수(癸水)라고 붙여 부르는 경우가 많다. 불을 끄고 식물을 자라게 하지만 먹을 수는 없는 물이다. 빗물은 태양을 가리기도 한다.

천간은 식물의 뿌리인 지지와 달리, 태양이 있는 하늘을 향하고 있는 줄기이고 잎이며 열매이다. 여기서 주의할 것은, 이상은 십 천간(十 天干) 각 글자 한 字의 의미와 특성을 살펴 본 것일 뿐이니, 사주풀이를 하면서 명주의 운명을 감정할 때, 위 글자 한 字의 의미와 특성만으로 판단하는 오류를 범해서는 안 된다는 것이다.

7. 지지(地支)에 대하여

지지(地支)는 땅의 기운 즉 지기(地氣)라고 이해하면 된다. 지지에는 모두 열두 개가 있으므로 십이지지(十二地支) 또는 십이지(十二地)라는 용어를 많이 사용한다. 십이지지(十二地支) 열두 개의 명칭과 순서는 다음과 같다.

자(子), 축(丑), 인(寅), 묘(卯), 진(辰), 사(巳)
오(午), 미(未), 신(申), 유(酉), 술(戌), 해(亥)

십이지지(十二地支)의 의미와 음양오행(陰陽五行)과의 관계를 간단하게 정리하면 다음과 같다.

- 자(子)는 음력 11월이며 한겨울이고 쥐를 상징한다.
  子는 음양으로 구별하면 陽이며, 오행으로는 水이다.
  그래서 실무에서는 자수(子水)라고 붙여 부르는 경우가 많다.

- 축(丑)은 음력 12월이며 늦겨울이고 소를 상징한다.
  丑은 음양으로 구별하면 陰이며, 오행으로는 토이다.
  그래서 실무에서는 축토(丑土)라고 붙여 부르는 경우가 많다.
- 인(寅)은 음력 1월이며 초봄이고 호랑이를 상징한다.
  寅은 음양으로 구별하면 陽이며, 오행으로는 木이다.
  그래서 실무에서는 인목(寅木)이라고 붙여 부르는 경우가 많다.
- 묘(卯)는 음력 2월이며 절정의 봄이고 토끼를 상징한다.
  卯는 음양으로 구별하면 陰이며, 오행으로는 木이다.
  그래서 실무에서는 묘목(卯木)이라고 붙여 부르는 경우가 많다.
- 진(辰)은 음력 3월이며 늦봄이고 용을 상징한다.
  辰은 음양으로 구별하면 陽이며, 오행으로는 土이다.
  그래서 실무에서는 진토(辰土)라고 붙여 부르는 경우가 많다.
- 사(巳)는 음력 4월이며 초여름이고 뱀을 상징한다.
  巳는 음양으로 구별하면 음이며, 오행으로는 火이다.
  그래서 실무에서는 사화(巳火)라고 붙여 부르는 경우가 많다.
- 오(午)는 음력 5월이며 한여름이고 말을 상징한다.
  午는 음양으로 구별하면 陽이며, 오행으로는 화이다.
  그래서 실무에서는 오화(午火)라고 붙여 부르는 경우가 많다.
- 미(未)는 음력 6월이며 늦여름이고 양을 상징한다.
  未는 음양으로 구별하면 陰이며, 오행으로는 土이다.
  그래서 실무에서는 미토(未土)라고 붙여 부르는 경우가 많다.
- 신(申)은 음력 7월이며 초가을이고 원숭이를 상징한다.
  申은 음양으로 구별하면 陽이며, 오행으로는 金이다.
  그래서 실무에서는 신금(申金)이라고 붙여 부르는 경우가 많다.
- 유(酉)는 음력 8월이며 절정의 가을이고 닭을 상징한다.

酉는 음양으로 구별하면 陰이며, 오행으로는 金이다. 그래서 실무에서는 유금(酉金)이라고 붙여 부르는 경우가 많다.

- 술(戌)은 음력 9월이며 늦가을이고 개를 상징한다.
  戌은 음양으로 구별하면 陽이며, 오행으로는 土이다. 그래서 실무에서는 술토(戌土)라고 붙여 부르는 경우가 많다.
- 해(亥)는 음력 10월이며 초겨울이고 돼지를 상징한다.
  亥는 음양으로 구별하면 陰이며, 오행으로는 水이다. 그래서 실무에서는 해수(亥水)라고 붙여 부르는 경우가 많다.

주의할 점은, 지지의 순환원리에 따라 자(子)는 형식상으로는 陽이지만 그 운용에 있어서 실제로는 陰으로 작용한다. 반대로 해(亥)는 지지의 순환원리에 따라 형식상으로는 陰이지만 그 운용에 있어서 실제로는 陽으로 작용한다. 따라서 이후 이 책에서는 아예 자(子)는 陰으로, 해(亥)는 陽으로 본다. 사(巳)와 오(午)의 경우도 위와 마찬가지이다. 따라서 이후 이 책에서는 아예 사(巳)는 陽으로, 오(午)는 陰으로 본다.

그리고 실제 작용력 문제는 지장간의 음양을 살펴보면 알 수 있다. 요약해서 말하자면, 子는 陰이고 亥는 陽이다. 巳는 陽이고 午는 陰이다. 몇 번이고 반복해서 꼭 암기하고 있어야 한다. 반복해서 학습한다는 의미도 있으므로, 地支와 天干과 인체를 관련지어 요약하면 다음과 같다.

- 寅은 정월이고 木이고 陽이며, 천간의 甲과 같다.
  담낭과 머리에 해당한다.
- 卯는 2월이고 木이고 陰이며, 천간의 乙과 같다.
  간장과 목에 해당한다.
- 辰은 3월이고 土이고 陽이며, 천간의 戊와 같다.

위장과 복부에 해당한다.

- 巳는 4월이고 火이고 陽이며, 천간의 丙과 같다.
  소장과 어깨와 팔에 해당한다.
- 午는 5월이고 火이고 陰이며, 천간의 丁과 같다.
  심장과 손에 해당한다.
- 未는 6월이고 土이고 陰이며, 천간의 己와 같다.
  비장과 복부에 해당한다.
- 申은 7월이고 金이고 陽이며, 천간의 庚과 같다.
  대장과 배꼽과 허벅지 윗부분이다.
- 酉는 8월이고 金이고 陰이며, 천간의 辛과 같다.
  폐장과 허벅지 밑 부분과 다리 윗부분에 해당한다.
- 戌은 9월이고 土이고 陽이며, 천간의 戊와 같다.
  위장과 복부에 해당한다.
- 亥는 10월이고 水이고 陽이며, 천간의 壬과 같다
  방광과 종아리에 해당한다.
- 子는 11월이고 水이고 陰이며, 천간의 癸와 같다.
  신장과 생식기관, 발에 해당한다.
- 丑은 12월이고 土이고 陰이며, 천간의 己와 같다.
  비장과 복부에 해당한다.

여기서, 진(辰), 술(戌), 축(丑), 미(未)에 대하여는 주의할 점이 있다. 진(辰), 축(丑)은 水氣가 있는 습토(濕土)로서 水와 같은 성질을 가지고 있기 때문에 土剋水의 相剋관계이지만 水를 극하는 작용력이 거의 없다고 본다. 미(未), 술(戌)은 火氣가 있는 메마른 조토(燥土)로서 土生金의 相生관계이지만 金을 생하는 작용력이 거의 없다고 본다.

8. 五行을 중심으로 한 天干 地支와 여러 가지 의미 등 종합정리

다음 도표는 사주학을 공부하는 데 중요하므로 숙지해야 한다.

木	火	土	金	水
봄	여름	(四季)	가을	겨울
1월, 2월, 3월 寅, 卯, 辰	4월, 5월, 6월 巳, 午, 未	(辰, 戌, 丑, 未)	7월, 8월, 9월 申, 酉, 戌	10월,11월,12월 亥, 子, 丑
木 木 (土)	火 火 (土)		金 金 (土)	水 水 (土)
곡직(曲直)	염상(炎上)	가색(稼穡)	종혁(從革)	윤하(潤下)
甲, 乙	丙, 丁	戊, 己	庚, 辛	壬, 癸
木왕절(旺節)	火왕절(旺節)		金왕절(旺節)	水왕절(旺節)
木의 기운이 旺한 계절 따뜻한 계절	火의 기운이 旺한 계절 뜨거운 계절		金의 기운이 旺한 계절 서늘한 계절	水의 기운이 旺한 계절 차가운 계절
인(仁)	예(禮)	신(信)	의(義)	지(智)
동(東)	남(南)	중앙(中央)	서(西)	북(北)
3, 8	2, 7	5, 10	4, 9	1, 6
ㄱ, ㅋ	ㄴ, ㄷ, ㄹ, ㅌ	ㅇ, ㅎ	ㅅ, ㅈ, ㅊ	ㅁ, ㅂ, ㅍ
신맛	쓴맛	단맛	매운맛	짠맛
청록색	붉은색	황색	백색	흑색
간, 담낭	심장, 소장	비장, 위장	폐, 대장	신장, 방광
어질다	분노, 격정	평화	의리, 살기	술수, 계책

➢ 도표 해설

- 木은 봄이고 寅월(1월), 卯월(2월), 辰월(3월)이다.
  天干의 甲乙 地支의 寅卯이다.
  동쪽이고 청록색이다.
  신맛이고 수리는 3과 8이다.
  간장과 담낭, 머리와 목에 해당한다.
- 火는 여름이고 巳월(4월), 午월(5월), 未월(6월)이다.
  天干의 丙丁 地支의 巳午이다.
  남쪽이고 빨간색이다.
  쓴맛이고 수리는 2와 7이다.
  심장과 소장, 흉부에 해당한다.
- 土는 사계절의 계절과 계절을 연결하는 환절기이다.
  辰월, 戌월, 丑월, 未월 이다.
  天干의 戊己 地支의 辰戌丑未이다.
  중앙이고 황색이다.
  단맛이고 수리는 5와 10이다.
  비장과 위장, 복부와 허리에 해당한다.
- 金은 가을이고 申월(7월), 酉월8월), 戌월(9월)이다.
  天干의 庚辛 地支의 申酉이다.
  서쪽이고 흰색이다.
  매운 맛이고 수리는 4와 9이다.
  폐장과 대장, 허벅지와 다리에 해당한다.
- 水는 겨울이고 亥월(10월), 子월(11월), 丑월(12월)이다.
  天干의 壬癸 地支의 亥子이다.
  북쪽이고 검은색이다.
  짠맛이고 수리는 1과 6이다.
  신장과 방광, 생식기관과 발에 해당한다.

9. 육십갑자(六十甲子)와 납음오행(納音五行)

(1) 육십갑자(六十甲子)

십 천간(十 天干)과 십이지지(十二地支)를 각각 순서대로 배열하여 짝을 지어 나가면, 60개의 간지(干支)가 나오는데 이것을 육십갑자(六十甲子)라고 한다.

아래 육십갑자 표에서 보듯이, 甲子. 乙丑, 丙寅, 丁卯 이렇게 계속 짝을 지어 나가면 끝에 계해로 끝나고, 그다음 육십 한 번 째부터는 다시 처음에 시작했던 짝 즉 甲子가 나온다. 이렇게 甲子부터 癸亥까지 한 바퀴 도는 것을 환갑(還甲)이라 하고, 그 사이에 天干은 여섯 번 地支는 다섯 번 돌게 된다.

甲子	乙丑	丙寅	丁卯	戊辰	己巳	庚午	辛未	壬申	癸酉
甲戌	乙亥	丙子	丁丑	戊寅	己卯	庚辰	辛巳	壬午	癸未
甲申	乙酉	丙戌	丁亥	戊子	己丑	庚寅	辛卯	壬辰	癸巳
甲午	乙未	丙申	丁酉	戊戌	己亥	庚子	辛丑	壬寅	癸卯
甲辰	乙巳	丙午	丁未	戊申	己酉	庚戌	辛亥	壬子	癸丑
甲寅	乙卯	丙辰	丁巳	戊午	己未	庚申	辛酉	壬戌	癸亥

(2) 납음오행(納音五行)

납음오행(納音五行)은 육십갑자(六十甲子)에 따른 오행으로 년주

(年柱)를 기준으로 정하며, 명주(命主, 사주의 주인공)의 성격과 운(運) 등을 나타내 보인다. 甲子 · 乙丑은 해중금(海中金), 丙寅 · 丁卯는 노중화(爐中火), 戊辰 · 己巳는 대림목(大林木) 이라는 식의 오행이다.

그리하여 해중금(海中金)은 바다에 흩어진 金의 기운, 노중화(爐中火)는 화로가운데 불의 기운, 대림목(大林木)은 울창한 숲을 이룬 木의 기운 등으로 해석하고, 여기에 오행의 상생(相生)과 상극(相剋)의 이론 등을 결합하여 활용한다

납음오행(納音五行)이 이루어지는 원리에 대하여는 '천기대요 보석(補釋)'에 기술되어 있다. 생년(生年)으로 남녀 궁합(宮合)을 볼 때 납음오행(納音五行)을 사용하는 등 여러 분야에서 활용되고 있으나, 오늘날 명리사주학(命理四柱學)에서는 그다지 중요하게 다루지 않는다. 납음오행에 대하여는 이책 입문(入門) 2부에서 자세하게 설명하기로 한다.

10. 사주(四柱)와 팔자(八字)

태어난 年, 月, 日, 時를 天干과 地支로 짝을 지어 표시한 것이 四柱이고, 이 사주는 天干 네 글자 地支 네 글자 등 모두 여덟 개의 글자 즉 八字로 구성되어 있어서 사주팔자(四柱八字)라고도 부른다.

따라서 사주라고 하든 팔자라고 하든 사주팔자라고 하든 부르기 편한 대로 쓰면 된다. 보통 四柱學에서는 四柱라고 부르고, 시중에서는 '팔자가 좋다 또는 사납다'라는 식으로 四柱를 八字로 표현하기도 한다.

사주(四柱)라는 말은 한자(漢字) 뜻 그대로 네 개의 기둥(柱는 기둥 주)이라는 뜻이다. 생년, 월, 일, 시를 각각 천간과 지지의 조합(組合)으로 바꾸어 한 개의 조합을 한 개의 기둥으로 비유한 것이다. 모두 네 개의 조합이므로 네 개의 기둥 즉 四柱라고 하는 것이다.

그래서 생년월일시를 천간과 지지의 조합(組合)으로 바꾸어 표시하는 것을 '사주를 세운다'라고 표현하는 것이다.

- 태어난 해의 干支의 組合을 년주(年柱)라 하고
  干支 중 천간을 년간(年干)이라 하고
  干支 중 지지를 년지(年支)라고 한다.
- 태어난 달의 干支의 組合을 월주(月柱)라 하고
  干支 중 천간을 월간(月干)이라 하고
  干支 중 지지를 월지(月支)라고 한다.
- 태어난 날의 干支의 組合을 일주(日柱)이라 하고
  干支 중 천간을 일간(日干)이라 하고
  奸智 중 지지를 일지(日支)라고 한다.
- 태어난 시의 干支의 組合을 시주(時柱)라고 하고
  干支 중 천간을 시간(時干)이라 하고
  干支 중 지지를 시지(時支)라고 한다.

실제 사주 하나를 가지고 예를 들어 설명하면 다음과 같다.

甲(시간)	丁(일간)	庚(월간)	丁(년간)	------ 천간
辰(시지)	丑(일지)	戌(월지)	酉(년지)	------ 지지
시주	일주	월주	년주	

위 예시는 정유년(丁酉年) 경술월(庚戌月) 정축일(丁丑日) 갑진시(甲辰時)에 태어난 사람의 사주이다. 여기서 주의할 점은, 사주를 세

울 때 우리가 일상적으로 쓰는 가로쓰기를 하지 않고 세로쓰기를 한다는 사실이다. 세로쓰기의 경우 오른쪽부터 시작하여 왼쪽으로 써 나간다는 사실도 잊어서는 안 된다.

앞의 예시에서 년주는 丁酉이고, 년간은 丁, 년지는 酉이다.
위 예시에서 월주는 庚戌이고, 월간은 庚, 월지는 戌이다.
위 예시에서 일주는 丁丑이고, 일간은 丁, 일지는 丑이다.
위 예시에서 시주는 甲辰이고, 시간은 甲, 시지는 辰이다.

이제 년, 월, 일, 시(年, 月, 日, 時) 순으로 사주를 세우는 방법을 설명하기로 한다.

(1) 년주(年柱) 세우기

년주(年柱)는 태어난 해의 간지의 조합이며 태세(太歲)라고도 한다. 만세력(萬歲曆)이나 연령대조표 등에는 출생년도에 따라 년주가 각각 표시되어 있다. 책에 따라서는 100~150년 분량의 년주(年柱)가 표시되어 있고 음력을 모르고 양력만 알고 있어도 음력을 사용하는 명리사주학(命理四柱學)의 필요에 부응하여 음력과 양력이 모두 표기되어 있다.

앞서 예시에서 본 사주의 경우 년주(年柱)는 丁酉이고, 년간(年干)은 丁 년지(年支)는 酉라고 설명한 바 있다. 年支는 띠를 나타내니 이 해에 출생한 사람은 모두 닭(酉)띠가 된다.

여기에서 주의할 점이 있다. 해가 바뀌는 기준일이 우리가 알고 있는 1월 1일이 아니고, 24절기상의 입춘일(立春日)이라는 것이다. 다시 말해 立春이 드는 날 드는 시각부터 새해가 시작되는 것이다. 따라서 12월에 출생했더라도 생일이 立春日이 지난 뒤라면 새해의 간지로 년주를 정하고, 1월에 출생했더라도 생일이 立春日이 지나기 전이라면 새해의 간지가 아닌 전년도의 간지로 年柱를 정해야 하는 것이다.

그리고 입춘일 당일에 태어난 경우에는, 입춘이 드는 시각(時刻)을 기준으로 하여 입춘이 드는 시각 이전이면 지난해의 간지로 年柱를 정하고, 입춘이 드는 시각 후이면 새해의 간지로 年柱를 정한다.

2020년의 경우 2월 3일(음력 1월 10일)에 출생한 사람은 전년도의 년주인 己亥를 년주로 삼고, 2월 5일(음력 1월 12일)에 출생한 사람은 새해의 년주인 庚子를 년주로 삼는다. 입춘일이 2월 4일(음력 1월 11일)이기 때문이다.

(2) 월주(月柱) 세우기

월주(月柱)는 태어난 달의 간지의 조합이며 월건(月建)이라고도 한다. 월주는 매달의 절기(節氣)에 의하여 결정된다.

- 입춘(立春)이 드는 날 드는 시각 후부터 경칩(驚蟄)이 드는 날 드는 시각까지가 寅월(음력 1월)이다.
- 경칩(驚蟄)이 드는 날 드는 시각 후부터 청명(淸明)이 드는 날 드는 시각까지가 卯월(음력 2월)이다.
- 청명(淸明)이 드는 날 드는 시각 후부터 입하(立夏)가 드는 날 드는 시각까지가 辰월(음력 3월)이다.
- 입하(立夏)가 드는 날 드는 시각 후부터 망종(芒種)이 드는 날 드는 시각까지가 가 巳월(음력 4월)이다.
- 망종(芒種)이 드는 날 드는 시각 후부터 소서(小暑)가 드는 날 드는 시각까지가 午월(음력 5월)이다.

- 소서(小暑)가 드는 날 드는 시각 후부터 입추(立秋)가 드는 날 드는 시각까지가 未월(음력 6월)이다.
- 입추(立秋)가 드는 날 드는 시각 후부터 백로(白露)가 드는 날 드는 시각까지가 申월(음력 7월)이다.
- 백로(白露)가 드는 날 드는 시각 후부터 한로(寒露)가 드는 날 드는 시각까지가 酉월(음력 8월)이다.
- 한로(寒露)가 드는 날 드는 시각 후부터 입동(立冬)이 드는 날 드는 시각까지가 戌월(음력 9월)이다.
- 입동(立冬)이 드는 날 드는 시각 후부터 대설(大雪)이 드는 날 드는 시각까지가 亥월(음력 10월)이다.
- 대설(大雪)이 드는 날 드는 시각 후부터 소한(小寒)이 드는 날 드는 시각까지가 子월(음력 11월)이다.
- 소한(小寒)이 드는 날 드는 시각 후부터 입춘(立春)이 드는 날 드는 시각까지가 丑월(음력 12월)이다.

절기(節氣)는 양력으로 매월 초순에 든다.
월주(月柱)는 월별 고유의 지지는 바뀌지 않고, 천간만 매년 바뀐다.
월주(月柱)도 년주와 마찬가지로 만세력(萬歲曆)에 표시되어 있다.
년주를 알면 월건조견표(月建早見表)를 보고 월주의 간지를 알 수 있다.

참고로, 공망월 또는 여벌달이라고 하는 윤(閏)달에 대해서 간략하게 기술한다. 양력으로 1년이 365일이고 음력으로는 1년이 354일이므로 1년에 11일간의 차이가 생긴다. 이 차이를 조정하기 위하여 한 달을 더 끼워 넣어 음력으로 1년이 13개월이 되는 해가 있는 데, 이때 덤으로 더 끼워 넣은 그달을 윤(閏)달이라고 한다. 예로부터 윤

(閏)달은 무해무덕(無害無德)의 달이라고 하여 이사, 집수리, 개업 등 큰일을 치를 때 윤달을 택하는 경우가 많았다. 음양오행 이론상 근거도 찾을 수 없고 실제로 무해한지 알기도 힘든 상황에서, 이를 맹신하는 것은 바람직하지 않다는 견해도 많다.

월주(월건) 조견표

월 \ 년간	甲己年	乙庚年	丙申年	丁壬年	戊癸年
1월	丙寅	戊寅	庚寅	壬寅	甲寅
2월	丁卯	己卯	辛卯	癸卯	乙卯
3월	戊辰	庚辰	壬辰	甲辰	丙辰
4월	己巳	辛巳	癸巳	乙巳	丁巳
5월	庚午	壬午	甲午	丙午	戊午
6월	辛未	癸未	乙未	丁未	己未
7월	壬申	甲申	丙申	戊申	庚申
8월	癸酉	乙酉	丁酉	己酉	辛酉
9월	甲戌	丙戌	戊戌	庚戌	壬戌
10월	乙亥	丁亥	己亥	辛亥	癸亥
11월	丙子	戊子	庚子	壬子	甲子
12월	丁丑	己丑	辛丑	癸丑	乙丑

위 년간에 태어난 달을 대입하면 월주 간지가 된다.

24절기(節氣)

음력	절기		중기	
1월	입춘	봄이 시작되는 철	우수	비가 내리는 철
2월	경칩	해동되어 곤충이 깨어나는 철	춘분	태양이 분기되는 철

3월	청명	날씨가 맑고 밝은 철	곡우	곡식에 좋게 비가 내리는 철
4월	입하	여름이 시작되는 철	소만	보리알이 굵게 영그는 철
5월	망종	보리 베는 철	하지	여름의 막바지 철
6월	소서	조금 더워지는 철	대서	매우 더운 철
7월	입추	가을이 시작되는 철	처서	더위가 끝나는 철
8월	백로	하얀 이슬이 내리는 철	추분	태양이 분기되는 철
9월	한로	찬 이슬이 내리는 철	상강	서리가 내리는 철
10월	입동	겨울이 시작되는 철	소설	눈이 조금 오는 철
11월	대설	눈이 많이 내리는 철	동지	겨울의 막바지 철
12월	소한	조금 추운 철	대한	크게 추운 철

(3) 일주(日柱) 세우기

일주(日柱)는 태어난 날의 干支의 조합이며 일진(日辰)이라고도 한다. 일주(日柱)는 당년도(今年)에 출생한 영아(嬰兒)의 경우, 그 해의 달력을 보면 출생 날짜 밑에 조그마한 글씨(漢字)로 干支가 적혀 있는데, 이것이 바로 그 아이의 일주(日柱)다.

그러나 당년도(今年)가 아니라 그 이전에 출생하여 과거의 달력을 찾아보아야 하는 경우에는 만세력(萬歲曆)을 참조해야 한다. 여기서 주의할 것은, 日柱(日辰)가 바뀌는 기준 時刻에 대하여 대립되는 두 개의 견해가 있다는 것이다.

야자시(夜子時)를 쓰는 견해는 子正(또는 0시 30분)에 일주(日柱)가 바뀐다고 하고 야자시(夜子時)를 인정하지 않는 견해는 밤 11시(또는 11시 30분)에 일주(日柱)가 바뀐다고 한다. 필자는 고심 끝에 야자시(夜子時)를 쓰지 않기로 한다. 야자시(夜子時)에 대하여는 '시주(時柱) 세우기'에서 자세하게 설명하기로 한다.

(4) 시주(時柱) 세우기

시주(時柱)는 태어난 時의 干支의 조합이다. 時는 하루의 첫 시인 子時부터 시작해서 丑時, 寅時, 卯時, 辰時, 巳時, 午時, 未時, 申時, 酉時, 戌時, 亥時의 순으로 이어지며, 이는 地支의 순서이다. 지지 하나의 시간 단위는 두 시간이다. 時柱를 세우려면 時支는 이미 나와 있으므로 時干만 찾아서 조합하면 된다. 시주는 시주조견표(時柱早見表)만 있으면 日干과 태어난 時(地支)를 대입하여 쉽게 세울 수 있다.

시주조견표

시 / 일간	23~01	01~03	03~05	05~07	07~09	09~11	11~13	13~15	15~17	17~19	19~21	21~23
	子	丑	寅	卯	辰	巳	午	未	申	酉	戌	亥
甲己	甲子	乙丑	丙寅	丁卯	戊辰	己巳	庚午	辛未	壬申	癸酉	甲戌	乙亥
乙庚	丙子	丁丑	戊寅	己卯	庚辰	辛巳	壬午	癸未	甲申	乙酉	丙戌	丁亥
丙辛	戊子	己丑	庚寅	辛卯	壬辰	癸巳	甲午	乙未	丙申	丁酉	戊戌	己亥
丁壬	庚子	辛丑	壬寅	癸卯	甲辰	乙巳	丙午	丁未	戊申	己酉	庚戌	辛亥
戊癸	壬子	癸丑	甲寅	乙卯	丙辰	丁巳	戊午	己未	庚申	辛酉	壬戌	癸亥

시주(時柱)를 세우는 데 있어서 몇 가지 주의할 점이 있다.

1) 동경시(東京時)

원칙적으로 밤 11시부터 새벽 1시까지가 子時지만, 지금은 동경의 표준시를 사용하기 때문에 밤 11시 30분부터 새벽 1시 30분까지가 자시(子時)가 된다. 한국의 표준시와 동경의 표준시 사이에는 30분간의 차이가 있기 때문에 이것을 반영한 것이다.

여기서 또 주의할 점이 있다. 1908년 4월 1일부터 1911년 12월

31까지, 1954년 3월 21일부터 1961년 8월 9일까지는 한국 고유의 시간을 사용했으므로 밤 11시부터 새벽 1시까지가 子時가 된다. 이 기간 이외에는 밤 11시 30분부터 새벽 1시 30분까지가 子時가 된다.

2) 섬머타임(일광절약시간제)

한국천문연구원의 만세력에 의하면, 해방 이후 열 두 번의 섬머타임이 실시되었으나 자료가 정확하지 못하다는 이유로, 실무에서는 대체로 무시되고 있다. 그래서 자료가 명확한 88올림픽 관련 2년 동안의 섬머타임만을 적용하고 있다.

1987년 5월 10일 02시부터 10월 11일 03시까지,
1988년 5월 8일 02시부터 10월 9일 03시까지.

섬머타임을 실시했으니, 이 기간에 태어났으면 한 시간씩 조정해주면 된다. 예를 들어 오전 9시에 태어났으면 오전 8시에 태어난 것으로 보면 되는 것이다.

참고로, 6.25 전쟁기간 중인 1952년(壬辰年)은 5월에 윤(閏)달이 들어 있었는데, 인쇄 착오로 본달과 윤(閏)달의 순서가 뒤바뀐 달력이 대량으로 유포되어, 이해의 5월 이후 출생자 중에는 자신의 생일을 잘못 알고 있는 경우가 많다고 한다.

3) 야자시(夜子時)

자시(子時)를 한 시간씩 둘로 나누어 0시 이전의 한 시간을 야자시(夜子時)라 하고 0시 이후의 한 시간을 조자시(朝子時), 주자시(晝子時), 명자시(明子時)라고 하여, 사주를 다르게 세우는 분들이 있다. 그러나 地支의 시간단위는 2시간이고 우주의 기운도 2시간마다 바뀐다고 하는 기존의 명리사주학(命理四柱學) 이론의 입장에서 볼 때 특정한 시간대에서만 1시간 단위로 우주의 기운이 바뀐다고 주장하는

것은 다소 무리가 있다고 본다. 그래서 필자는 고심 끝에 야자시를 쓰지 않기로 한다.

4) 태아의 출생시각

아기의 출생시각을 언제로 잡아야 하는가 하는 문제이다. 단순히 탯줄을 끊은 때가 아니라 태아가 모체로부터 분리되어 공기 중에 호흡을 하는 때 즉 첫 울음을 우는 때를 출생시각으로 보아야 한다는 견해에 일응 수긍이 가지만, 실무에서 그다지 문제될 일은 없을 듯하다

5) 해외출생자

지구상의 모든 지점의 절입시각(節入時刻, 節氣가 들어오는 時刻)은 동일하다고 본다. 다시 말해 서울에서 입춘이 들면 그 순간 뉴욕이든 런던이든 북경이든 모두 입춘이 들어오는 것이다. 따라서 해외출생자의 출생시각은 현지시각을 기준으로 하되 절입시각만 주의해서 월주판단을 하면 된다고 하지만, 여러 가지 고려사항이 많아 다소 복잡하다고 할 수 있다.

11. 사주의 각 자리(궁)의 의미와 특성

다음의 사주는 앞에서 예로 든 사주이다.

甲(시간)	丁(일간)	庚(월간)	丁(년간)	------ 천간
辰(시지)	丑(일지)	戌(월지)	酉(년지)	------ 지지
시주	일주	월주	년주	

<table>
<tr><td rowspan="2">자녀 · 자손</td><td>본인</td><td>부(모) · 형제</td><td rowspan="2">조부모 · 조상</td></tr>
<tr><td>배우자</td><td>모(부) · 형제</td></tr>
<tr><td>미래</td><td>현재</td><td>현대</td><td>과거</td></tr>
<tr><td>열매(實)</td><td>꽃(花)</td><td>줄기(苗)</td><td>뿌리(根)</td></tr>
<tr><td>노년기</td><td>장년기</td><td>청년기</td><td>유년기</td></tr>
<tr><td>하체</td><td>생식기관</td><td>가슴과 배</td><td>머리</td></tr>
<tr><td colspan="2">울타리 밖(집 밖)</td><td colspan="2">울타리 안(집 안)</td></tr>
</table>

➢ 도표 해설

일간(日干)은 본인의 자리이고 일지(日支)는 배우자의 자리이다. 년주(年柱)는 조부모 또는 조상의 자리이고, 월간(月干)은 부(모) 또는 형제의 자리이며 월지(月支)는 모(부) 또는 형제의 자리이다. 시주(時柱)는 자녀 또는 자손의 자리이다.

자리는 한자의 '집 궁(宮)'을 써서 궁(宮)이라고도 한다. 예컨대 남편 자리는 남편 궁(宮), 배우자 자리는 배우자 궁(宮)이라고도 한다.

12. 사주상 여덟 글자의 작용력의 차이

천간(天干) 네 글자와지지(地支) 네 글자 등 모두 여덟 글자로 이루어진 사주(四柱)는 각각의 글자의 작용력(힘 또는 능력)이 다르다.

이해의 편의를 위해서 수치로 나타내 보자면, 地支의 힘은 天干의 3배 정도로 본다. 地支중에서도 월지(月支)의 힘이 가장 강력한데

支持의 나머지 세 글자의 힘을 모두 합친 것과 비슷하거나 그 이상으로 본다. 이렇게 보면 단순 산술상 月支 한 글자의 힘은 天干 한 글자의 힘의 6배, 다른 地支 한 글자의 힘의 3배라는 계산이 나온다.

월지(月支) 다음으로 일지(日支) 시지(時支) 년지(年支) 순으로 힘이 크다. 년지(年支)는 본인 자리인 일간(日干)과 거리가 제일 먼 조상의 자리이기 때문에 작용력이 제일 작다고 본다. 그러나 과거에는 호주 상속제 등으로 조상의 영향력이 강했기 때문에 조상의 자리인 년주(年柱)의 힘이 컸고 그래서 태어난 해의 띠로 궁합을 많이 보기도 하였다.

요즘 1인 가구가 점점 늘어나고 본인 중심적인 삶이 대세가 되어가다 보니, 각종 신살(神殺)도 영향을 가장 많이 받는 자리는 본인 자리인 일주(日柱)이고, 그 다음은 시주 월주 년주 순으로 영향을 많이 받는 다고 본다. 일주에서 가장 거리가 먼 년주(年柱)의 신살은 거의 무시되는 경향이 있다.

13. 대운(大運)과 대운수(大運數)

(1) 대운(大運)의 의미

사람의 운명은 10년을 주기로 바뀌는데, 이 10년간씩 지배하는 운을 대운(大運)이라 한다. 대운은 행운(行運) 또는 운세(運勢)라고도 하는데 타고난 사주가 안 좋은 사람도 이 대운을 잘 타면 크게 발복하고 뜻도 이룰 수 있다. 반대로 좋은 사주로 태어난 사람도 대운을 잘 못 만나면 그 대운기간에는 뜻을 이루지 못하고 고단한 삶을 살아야 할 수도 있다. 흔히 사주를 자동차에 비유하고 대운을 도로에 비유한다. 좋은 자동차를 타고 잘 달리다가 비포장 자갈길이나 흙탕길을 만나면 아무리 자동차가 좋아도 잘 달리지 못 한다.

반대로 별로 좋지 않은 자동차라도 고속도로나 잘 포장된 도로에서는 잘 달린다. 비포장 자갈길이나 흙탕길을 달리는 때는 대운이 좋지 않은 시기를 말하는 것이고, 고속도로나 잘 포장된 도로를 달리는 때는 대운이 좋은 시기를 말한다.

그런데 사람은 한 평생을 살다 보면 좋은 대운만 만날 수 없고, 또 아무리 팔자가 사나워도 좋은 대운은 한 번 이상 반드시 있기 마련이다. 대운은 타고난 사주가 안 좋은 사람에게는 희망의 빛이라 할 수 있는 것이다.

(2) 대운(大運)세우기

이제 대운을 세우는 법을 공부하기로 한다.

사주를 세우고 나면 대운을 세우는 것이 순서이다. 사주와 마찬가지로 대운도 세로쓰기를 하며, 오른쪽에서 왼쪽으로 써 나간다.

대운은 월주(月柱)로부터 이어져 나가는데 남녀에 따라 또 년간(年干)의 음양에 따라 진행순서가 순행(順行) 또는 역행(逆行)한다. 월주(月柱)로부터 이어져 나가니 월주의 글자 다음 자(字)부터 진행하고, 월주 자체는 대운에 포함되지 않는다. 월주는 순행하든 역행하든 출발의 기준일 뿐이다.

- 남자 사주에서 년간이 양(陽)이면 월주에서 순행한다.
  년간이 음(陰)이면 월주에서 역행한다.

- 여자 사주에서 년간이 양(陽)이면 월주에서 역행한다.
  년간이 음(陰)이면 월주에서 순행한다.

양남음녀(陽男陰女) : 순행(順行)
음남양녀(陰男陽女) : 역행(逆行)

순행(順行)이라 함은 오른쪽에서 왼쪽으로 천간 지지의 순서대로 흘러간다는 뜻이다. 아래에서 월주는 출발의 기준으로서 庚戌이다.

←丙 ←乙 ←甲 ←癸 ←壬 ←辛 ←庚
천간은 이런 순서로 진행한다(순행).

←辰 ←卯 ←寅 ←丑 ←子 ←亥 ←戌
지지는 이런 순서로 진행한다(순행).

역행(逆行)이라 함은 오른쪽에서 왼쪽으로 천간 지지의 반대 순서로 흘러간다는 뜻이다. 아래에서 월주는 출발의 기준으로서 庚戌이다.

甲 ←乙 ←丙 ←丁 ←戊 ←己 ←庚
천간은 이런 순서로 진행한다(역행).

辰 ←巳 ←午 ←未 ←申 ←酉 ←戌
지지는 이런 순서로 진행한다(역행).

(3) 대운수

대운이 10년간의 운세라고 했는데, 몇 살부터 몇 살까지 10년간인지 먼저 알아야 한다. 이를 알기 위한 것이 대운수(대운정수라고도 함)를 정해야 한다. 만약 대운수가 3이면 13세부터 22세까지 10년간 또 23세부터 32세까지 10년간 이런 식으로 이어지면서 대운의 마디가 정해진다.

그러면 대운수는 어떻게 정하는가? 양남음녀(순행)의 경우 출생한 날로부터 다음 절입일까지의 일수를 합하여 3으로 나누어 몫을 취한 숫자가 대운수가 되는데 1이 남으면 버리고 2가 남으면 반올림하여 1을 더해 준다. 다음 절입일까지 합한다고 하여 미래절(未來節)이라 한다.

음남양녀(역행)의 경우 출생한 날로부터 지난 절입일까지의 일수를 합하여 3으로 나누어 몫을 취한 숫자가 대운수가 되는데 1이 남으면 버리고 2가 남으면 반올림하여 1을 더해 준다. 지난 절입일까지 합한다고 하여 과거절(過去節)이라 한다.

양남음녀(陽男陰女) : 미래절(未來節)
음남양녀(陰男陽女) : 과거절(過去節)

일수를 3으로 나누어 몫을 취한다는 것은 3일을 1년으로 본 것이다. 한 절기에서 다음 절기까지의 기간은 30일인데 이를 10년(1대운)으로 보기 때문이다.

이렇게 복잡하게 계산하지 않아도 만세력에 대운수가 다 나와 있다. 다만 대운수가 어떻게 정해지는지 원리 정도만 간략하게 이해하고 있으면 된다.

辛	壬	癸	甲	乙	丙	丁	戊	己		甲	丁	庚	丁
丑	寅	卯	辰	巳	午	未	申	酉		辰	丑	戌	酉
88	78	68	58	48	38	28	18	8					

위 사주는 丁酉년 庚戌월 丁丑일 甲辰시에 태어난 남자의 사주이다. 음남양녀 역행(陰男陽女逆行)의 원칙에 따라 대운은 역행하여

진행하고 만세력에 의하면 대운수가 8로 나온다. 따라서 이 사주의 명주는

8세부터 17세까지는 己酉 대운의
18세부터 27세까지는 戊申 대운의
28세부터 37세까지는 丁未 대운의
38세부터 47세까지는 丙午 대운의
48세부터 57세까지는 乙巳 대운의
58세부터 67세까지는 癸卯 대운의
68세부터 77세까지는 壬寅 대운의
78세부터 87세까지는 辛丑 대운의

각 작용을 받아 길흉화복(吉凶禍福)이 나타난다. 참고로, 10년 대운을 다시 5년씩 나누어 전반부 5년은 대운간지 중 天干의 영향을 받고, 후반부 5년은 地支의 영향을 받는다고 해석하기도 한다.

14. 간합(干合) 또는 천간합(天干合)

간합(干合)이란 남녀가 서로 좋아하여 부부로 짝을 짓는 것에 비유할 수 있다. 반드시 양간(陽干)과 음간(陰干)이 만나야 한다. 천간이 合이 되면 각각 천간 고유의 작용력을 잃게 된다. 남편인 양간은 剋하고 여자인 음간은 剋을 받는다.

간합 다섯 가지 경우를 구체적으로 살펴본다.

- 甲己 合化 土 : 중정지합(中正之合)이라고 하며, 사주에 이 합(合)이

있는 사람은 너그럽고 포용력이 있어 존경을 받는다.

- 乙庚 合化 金 : 인의지합(仁義之合)이라고 하며, 사주에 이 합(合)이 있는 사람은 강직하고 용감하며 의리가 있다.
- 丙辛 合化 水 : 권위지합(權威之合)이라고 하며, 사주에 이 합이 있는 사람은 위엄은 있으나 너무 강압적이고, 또한 색(色)을 좋아한다.
- 丁壬 合化 木 : 인수지합(仁壽之合) 또는 음란지합(淫亂之合)이라고 하며, 사주에 이 합이 있는 사람은 음심이 강하여 호색하고, 질투심이 많다.
- 戊癸 合化 火 : 무정지합(無情之合)이라고 하며, 사주에 이 합이 있는 사람은 화려한 것과 아름다운 것을 특히 좋아한다. 늙은 남자와 어린 여자의 합으로 깊은 정이 없는 무정한 관계이다.

15 지장간(地藏干)과 암합(暗合)

(1) 지장간(地藏干)

각 지지(地支)는 두 개 또는 세 개의 천간(天干)을 간직하고 있는데 이 천간을 지장간이라고 한다. 지지암장(地支暗藏) 또는 암간(暗干)이라고도 한다. 십이신소장(十二神所藏)이라고도 하여 지장간을 인체의 오장육부로 보기도 한다. 地藏干의 장(藏)은 한자 뜻 그대로 '감추다', '간직하다'는 뜻이다. 하나의 지지에는 한 달을 30일간으로 보고 각 지장간의 작용 날짜의 수가 정해져 있다. 특히 지지와 오행이 같은 지장간을 정기(正氣) 또는 본기(本氣)라고 한다.

지장간표

지지 / 구분	子	丑	寅	卯	辰	巳	午	未	申	酉	戌	亥
여기	壬10	癸9	戊7	甲10	乙9	戊7	丙10	丁9	戊7	庚10	辛9	戊7
중기		辛3	丙7		癸3	庚7	己9	乙3	壬7		丁3	甲7
정기	癸20	己18	甲16	乙20	戊18	丙16	丁11	己18	庚16	辛20	戊18	壬16

➢ 도표 해설

지지 子(子月)는 천간인 壬, 癸를 간직하고 있는데 절입일(節入日) 이후 10일간은 餘氣 또는 初氣인 壬이 작용하고 그 후 20일간은 正氣인 癸가 작용한다.

지지 丑(丑月)은 천간인 癸, 辛, 己를 간직하고 있는데, 절입일 이후 9일간은 餘氣 또는 初氣인 癸가 작용하고 그 후 3일은 中氣인 辛이 작용하며 그 후 18일간은 正氣인 己가 작용한다. 나머지 지지도 이와 같은 방법으로 지장간이 어느 때 작용하는지 알 수 있다.

다만, 적천수징의(適天髓徵義)와 자평진전평주(子平眞詮評註)에 의하면, 지지 申(申月)은 천간인 己, 戊, 壬, 庚을 간직하고 있는데, 절입일 이후 10일간은 初氣인 己, 戊가 작용하고 그 후 3일은 中氣인 壬이 작용하며 그 후 17일간은 正氣(또는 본기)인 癸가 작용한다고 한다.

(2) 암합(暗合)

사주에 드러나 있는 천간과 지장간에 감추어져 있는 천간과의 합

(合)을 암합(暗合)이라고 한다. 지장간에 감추어져 있는 천간끼리의 합도 암합이다. 암합도 천간간의 합이므로 간합(干合) 이론을 적용한다.

16. 간충(干沖)

간충(干沖)은 천간이 서로 싫어하여 충돌하는 것을 말한다. 천간충(天干沖), 천간상충(天干相沖)이라고도 하며, 천간의 순서에 따라 각 일곱 번째의 천간과 충(沖)하므로 칠충(七沖)이라고도 한다. 천간의 순서에 따라 여섯 번째 천간과는 서로 合하고 일곱 번째 천간과는 서로 沖하는 것이다.

干沖은 陽과 陽, 陰과 陰이 서로 相沖하는 관계이다. 沖은 서로 힘이 비슷하면 沖을 당하는 쪽이 다치고 파괴되지만, 沖을 받는 쪽의 힘이 더 강하면 오히려 沖을 하는 쪽이 다치게 된다. 剋이 지나치면 沖이 된다.

- 甲庚沖 : 甲과 庚이 만나면 서로 沖한다.
- 乙辛沖 : 乙과 辛이 만나면 서로 沖한다.
- 丙壬沖 : 丙과 壬이 만나면 서로 沖한다.
- 丁癸沖 : 丁과 癸가 만나면 서로 沖한다.
- 戊甲沖 : 戊와 甲이 만나면 서로 沖한다.
- 丙庚沖 : 丙과 庚이 만나면 서로 沖한다.
- 戊壬沖 : 戊와 壬이 만나면 서로 沖한다.
- 乙己沖 : 乙과 己가 만나면 서로 沖한다.

- 丁辛沖 : 丁과 辛이 만나면 서로 沖한다.
- 己癸沖 : 己와 癸가 만나면 서로 沖한다.

17. 합, 충(合, 沖) 관련 용어 정리

지금까지 간합(干合)과 간충(干沖)에 대하여 공부하였다. 여기서 합과 충에 관련된 용어를 간략하게 정리하고 넘어가기로 한다. 주의할 것은, 아래 용어들은 천간(天干)의 합, 충뿐만 아니라지지(地支)의 합, 충에도 그대로 해당된다는 사실이다.

- 사주에서 바로 옆에 붙어서 합하는 경우를 근합(近合)이라 하고, 작용력이 강하다.
- 사주에서 멀리 떨어져서 합하는 경우를 원합(遠合)이라 하고, 작용력이 약하다.
- 사주에서 바로 옆에 붙어서 충하는 경우를 근충(近沖)이라 하고, 작용력이 강하다.
- 사주에서 멀리 떨어져서 충하는 경우를 원충(遠沖)이라 하고, 작용력이 약하다.
- 合을 하면서 제거(除去)되는 경우를 합거(合去)라고 하고, 沖을 하면서 제거(除去)되는 경우를 충거(沖去 또는 衝去))라고 한다. 合을 하였는데 다른 간지와 또 合을 하는 경우를 쟁합(爭合)이라 한다.
- 사주에 合이 너무 많으면 좋지 않다는 뜻으로 합다불귀(合多不貴), 合이 전혀 없어도 좋지 않다는 뜻으로 무합불귀(無合不貴)

라는 용어를 사용한다.

마찬가지로 사주에 沖이 너무 많으면 좋지 않다는 뜻으로 충다불귀(沖多不貴), 沖이 전혀 없어도 좋지 않다는 뜻으로 무충불귀(無沖不貴)라는 용어를 사용한다.

한쪽에서는 生이 되고 다른 한쪽에서는 剋이 되면 剋하지 않고 生하게 된다는 뜻으로 탐생망극(貪生忘剋), 한쪽에서는 合이 되고 다른 한쪽에서는 沖이 되면 沖하지 않고 合하게 된다는 뜻으로 탐합망충(貪合忘沖)이라는 용어를 사용한다.

18. **지합**(支合) **또는 육합**(六合)

지지(地支)도 천간처럼 서로 좋아하여 合을 한다. 合이 모두 여섯 개 이므로 六合 또는 支六合 또는 地支六合이라고도 한다. 지지가 合이 되면 각각 고유의 작용력이 약화된다. 지합은 가정지합(家庭之合)이라고 하여 약속, 합의, 유정 등의 의미를 가진다.

- 子丑 合土 : 子와 丑이 만나면 合이 되어 土가 된다.
- 寅亥 合木 : 寅과 亥가 만나면 合이 되어 木이 된다.
- 卯戌 合火 : 卯와 戌이 만나면 合이 되어 火가 된다.
- 辰酉 合金 : 辰과 酉가 만나면 合이 되어 金이 된다.
- 巳申 合水 : 巳와 申이 만나면 合이 되어 水가 된다.
- 午未 合 : 午와 未가 만나면 合이 되지만 오행의 변화는 없다.
  (火가 된다는 견해도 있다.)

19. **삼합**(三合)

삼합(三合)은 세 개의 지지(地支)가 合을 이루는 경우이다. 지지삼합(地支三合)이라고도 한다. 육합이 좋아하는 친구끼리의 합이라면, 삼합은 뜻이 같은 사람끼리의 단결 또는 의기투합이기 때문에 뭉친 힘이 매우 강력하다. 삼합을 대중지합(大衆之合) 또는 유대지합(紐帶之合)이라고 하는 데 위와 같은 의미라고 보면 된다.

삼합이 되면 삼합이 된 각 지지의 작용력은 잃게 되고 合이 되어 변한 五行의 힘이 강하게 작용한다.

- 寅午戌 火局 : 寅午戌 세 지지(글자)가 만나면 合이 되어 火局이라는 강력한 火氣가 된다.
- 申子辰 水局 : 申子辰 세 지지(글자)가 만나면 合이 되어 水局이라는 강력한 水氣가 된다.
- 亥卯未 木局 : 亥卯未 세 지지(글자)가 만나면 合이 되어 木局이라는 강력한 木氣가 된다.
- 巳酉丑 金局 : 巳酉丑 세 지지(글자)가 만나면 合이 되어 金局이라는 강력한 금기가 된다.

반합(半合) 또는 반회(半會) : 삼합하는 세 개의 지지(글자) 중에서 두 개만 만난 경우 반합 또는 반회 또는 준삼합(準三合)이라고 한다. 반합은 삼합보다 변한 오행의 힘이 약하다.

주의할 것은 같은 반합이라도 子, 午, 卯, 酉 글자가 들어가 있는 반합이 없는 반합보다 작용력이 더 강하다는 것이다. 寅午가 만나도 반합이 되어 火가 되고 寅戌이 만나도 반합이 되어 火가 되지만, 午

자가 들어있는 寅午의 화가 더 강하다는 것이다. 이는 방합(方合)의 반합인 경우에도 마찬가지이다. 뒤에 다시 설명하기로 한다.

20. 방합(方合)

같은 계절에 속하는 세 개의 지지가 만나서 합을 이룬 경우 方合이라고 한다. 계절합(季節合), 방위합(方位合), 방국합(方局合)이라고도 하며, 두 개의 지지(글자)만으로 이루어지는 반합(半合)과 달리 세 개의 지지(글자)가 모두 다 있다고 하여 전방(全方)이라고도 한다.

방합은 같은 지역에 사는 사람 또는 같은 편끼리의 합이므로 결속력이 강하다. 따라서 형제의 합 또는 혈연의 합이라고 하여, 合해서 이루어진 五行의 힘이 매우 강하다고 본다.

- 寅卯辰 木局 : 寅(1월), 卯(2월,) 辰(3월) 세 글자가 만나면 合이 되어 강력한 木局을 이룬다. 계절적으로 봄이고, 방위는 동쪽이다.
- 巳午未 火局 : 巳(4월) 午(5월) 未(6월) 세 글자가 만나면 合이 되어 강력한 火局을 이룬다. 계절적으로 여름이고, 방위는 남쪽이다.
- 申酉戌 金局 : 申(7월) 酉(8월) 戌(9월) 세 글자가 만나면 合이 되어 강력한 金局을 이룬다. 계절적으로 가을이고 방위는 서쪽이다.
- 亥子丑 水局 : 亥(10월) 子(11월) 丑(12월) 세 글자가 만나면 合이 되어 강력한 水局을 이룬다. 계절적으로 겨울

이고, 방위는 북쪽이다.

반합(半合) 또는 반방(半方) : 방합하는 세 개의 지지(글자) 중에서 두 개만 만난 경우 반합 또는 반방 또는 준방합(準方合)이라고 한다. 반합은 방합보다 변한 오행의 힘이 약하다.

주의할 것은 같은 반합이라도 子, 午, 卯, 酉 글자가 들어가 있는 반합이 없는 반합보다 작용력이 더 강하다는 것이다. 寅卯가 만나도 반합이 되어 木이 되고 寅辰이 만나도 반합이 되어 木이 되지만, 卯자가 들어있는 寅卯의 木이 더 강하다는 것이다. 삼합(三合)의 반합에서 이미 설명한 바 있다.

21. 지충(支沖)

지충(支沖)은 지지(地支)가 서로 싫어하여 충돌하는 것을 말한다. 여섯 개의 沖이 있어 육충(六沖)이라고도 한다. 또한 지지충, 지지상충, 지육충, 지지육충으로 부르기도 한다.

- 子午 沖 : 水와 火의 沖이다.
  왕충(旺沖)이라고 하며 살벌한 沖이다.
- 卯酉 沖 : 金과 木의 沖이다.
  왕충(旺沖)이라고 하며 살벌한 沖이다.
- 寅申 沖 : 金과 木의 沖이다.
  유충(幼沖)이라고 하며 보통의 沖이다.
- 巳亥 沖 : 水와 火의 충이다.
  유충(幼沖)이라고 하며 보통의 忠이다.

- 辰戌 沖 : 土와 土의 沖이다.
  노충(노충), 붕충(붕충)이라고 한다.
- 丑未 沖 : 土와 土의 沖이다.
  노충(老沖), 붕충(朋沖)이라고 한다.

辰戌 沖과 丑未 沖은 문자 그대로 노인들 사이의 沖이고 친구간의 沖이라 가벼운 沖으로 보기 쉬우나, 일단 沖이 되고 나면 그 결과는 보통의 沖과 같다고 보면 된다.

22. 형(刑) 파(破) 해(害) 원진(怨嗔)

형, 파, 해, 원진에 대하여 살펴보기로 한다. 참고로, 논자(論者)에 따라 형, 파, 해의 작용력은 支沖에 비해 미미하다고 보아 크게 중요시 하지 않는 분도 있고, 특히 파, 해에 대하여는 무시하는 분도 있다.

(1) 刑

刑이란 어떤 支가 다른 支에 충격을 가하는 것을 말한다. 삼형, 상형, 자형의 세 종류가 있다.

1) 三刑

寅巳申 三刑 : 지세지형(地勢之刑)이라고 하여 이 刑이 있으면 세력을 좋아 하여 무모하게 세력 다툼을 하다가 실패나 좌절을 겪는 일이 많다. 그러나 사주의 구성이 좋으면 형관이나 무관으로 출세할 수도 있다.

刑殺 : 삼형살 세 글자 중에서 두 글자가 만나면 형살이라고 하며, 삼형살보다 작용력이 약하다. 寅巳 巳申 寅申(寅申은 支沖과 겹친다).

丑戌未 三刑 : 무은지형(無恩之刑)이라고 하여 이 刑이 있으면 남에게 배은망덕(背恩忘德)한 짓을 잘하거나 자신이 배은망덕(背恩忘德)한 일을 많이 당한다.

刑殺 : 삼형살 세 글자 중에서 두 글자가 만나면 형살이라고 하며 삼형살보다 작용력이 약하다. 丑戌 戌未 丑未 (丑未는 支沖과 겹친다).

2) 상형(相刑)

子卯 : 子는 卯를, 卯는 子를 서로 刑하므로 상형이라 한다. 이 刑이 있으면 버릇이 없고 성격이 냉혹하고 잔인하다고 한다.

3)자형(自刑)

辰辰 午午 酉酉 亥亥를 자형이라 한다. 무례지형(無禮之刑)이라 하여 이 刑이 있으면 의지가 약해서 남에게 의존하려는 경향이 있다. 쓸데없는 고집이 있어 남에게 미움을 받을 때가 많다.

(2) 파(破)

破(깨뜨릴 파)는 支破 또는 六破라고도 하는데, 서로 만나면 상대를 깨뜨리고 또 깨뜨림을 당하는 관계를 말한다. 다음의 6개를 말한다.

子酉　丑辰　寅亥　卯午　巳申　未戌

(3) 해(害)

서로 해치는 관계가 있다고 해서 害(해칠 해)라고 하는데 支害 또는 六害라고도 한다. 다음의 6개를 말한다.

子未　丑午　寅巳　卯辰　申亥　酉戌

(4) 원진(怨嗔)

원진(怨嗔)은 원망하고(怨) 성낸다(嗔)는 뜻인데 원진(元辰)으로 쓰기도 한다. 예로부터 십이지지에 짐승을 배속시켜 짐승과 짐승끼리 싫어하는 관계 즉 원진을 사주, 궁합 등에 활용해 왔다. 그러나 오늘날은 그 의미가 퇴색되고 있는 것도 사실이다. 이제 원진(怨嗔)에 대하여 알아본다.

子未　丑午　寅酉　卯申　辰亥　巳戌

위 여섯 가지를 원진이라고 한다. 다시 말해서 쥐와 양, 소와 말, 호랑이와 닭, 토끼와 원숭이, 용과 돼지, 뱀과 개가 원진관계이다.

- 서기양두각(鼠忌羊頭角) : 쥐는 양의 머리의 뿔을 꺼린다.
- 우증마불경(牛憎馬不耕) : 소는 말이 논밭갈이를 아니 한다고 해서 미워한다.
- 호증계취단(虎憎鷄嘴短) : 호랑이는 닭의 부리가 짧은 것을 미워한다.
- 토원후불평(免怨猴不平) : 토끼는 원숭이의 허리가 굽은 것을 원망한다.
- 용혐저면흑(용혐저면흑) : 용은 돼지의 낯짝이 검은 것을 미워한다.
- 사경견폐성(蛇驚犬吠聲) : 뱀은 개가 짖어대는 소리에 놀란다.

支의 合 · 沖 · 刑 · 破 · 害 · 怨嗔

지지 / 구분	子	丑	寅	卯	辰	巳	午	未	申	酉	戌	亥
삼합	申辰(水)	巳酉(金)	午戌(火)	亥未(木)	申子(水)	酉丑(金)	寅戌(火)	亥卯(木)	子辰(水)	巳丑(金)	寅午(火)	卯未(木)
육합	丑(土)	子(土)	亥(木)	戌(火)	酉(金)	申(水)	未	午	巳(水)	辰(金)	卯(火)	寅(木)
형	卯	戌未	巳申	子	辰	寅申	午	丑戌	寅巳	酉	丑未	亥
충	午	未	申	酉	戌	亥	子	丑	寅	卯	辰	巳
파	酉	辰	亥	午	丑	申	卯	戌	巳	子	未	寅
해	未	午	巳	辰	卯	寅	丑	子	亥	戌	酉	申
원진	未	午	酉	申	亥	戌	丑	子	卯	寅	巳	辰

23. 십이운성(十二運星)

십이운성이란 포태법(胞胎法), 장생법(長生法), 장생십이신(長生十二神)이라고도 하는데, 오행의 성쇠(盛衰)에 대한 순환정국(循環定局)이다. 여기서 오행이란 천간의 오행을 말하는데, 陽干이냐 陰干이냐에 따라 왕쇠(旺衰)의 작용이 다르다.

사주학에서는 日干이 양간인 경우에만 포태법을 활용하고 음간인 경우에는 무시하는 경향이 있다. 포태법에서는 모든 인간의 일생이 생로병사(生老病死)의 과정을 거친다고 보고, 이 과정을 절(絶), 태(胎), 양(養), 장생(長生), 목욕(沐浴), 관대(冠帶), 건록(建祿), 제왕(帝王), 쇠(衰), 병(病), 사(死), 묘(墓)의 12단계로 나눈다. 그리하여 십천간 중 어느 천간이(보통 일간 위주로 본다) 십이지지 중 어느 지지를 만나면 이 열두 가지 단계 중 어느 단계에 반드시 해당시켜 그 천간의 왕쇠를 보는 것이다.

십이운성표

일간	甲	乙	丙	丁	戊	己	庚	申	壬	界
절	申	酉	亥	子	亥	子	寅	卯	巳	午
태	酉	申	子	亥	子	亥	卯	寅	午	巳
양	戌	未	丑	戌	丑	戌	辰	丑	未	辰
장생	亥	午	寅	酉	寅	酉	巳	子	申	卯
목욕	子	巳	卯	申	卯	申	午	亥	酉	寅
관대	丑	辰	辰	未	辰	未	未	戌	戌	丑
건록	寅	卯	巳	午	巳	午	申	酉	亥	子
제왕	卯	寅	午	巳	午	巳	酉	申	子	亥
쇠	辰	丑	未	辰	未	辰	戌	未	丑	戌
병	巳	子	申	卯	申	卯	亥	午	寅	酉
사	午	亥	酉	寅	酉	寅	子	巳	卯	申
묘	未	戌	戌	丑	戌	丑	丑	辰	辰	未

<인간의 생로병사(生老病死) 12단계>

- 절(絶) : 포(胞)라고도 한다. 생명이 입태(入胎)되기 전 우주를 떠도는 단계이다.

- 태(胎) : 생명이 모체(母體)에 입태(入胎)된 단계이다.
- 양(養) : 엄마의 자궁에서 태아가 자라는 단계이다.
- 장생(長生) : 아기가 출생한 단계이다.
- 목욕(沐浴) : 아이를 목욕시키고 대소변을 가려주는 단계이다.
- 관대(冠帶) : 갓을 쓰고 띠를 두르는 단계이다. 청소년기에 해당하는 단계이다.
- 건록(建祿) : 임관(臨官)이라고도 하며 벼슬을 하는 단계이다. 스스로 돈을 벌고 사회적 기반을 쌓아가는 단계이다.
- 제왕(帝王) : 일생 최고의 전성기로 왕성한 활동을 하는 단계이다. 제왕과 같은 지위를 누리는 단계이다.
- 쇠(衰) : 늙고 노쇠해지는 단계이다.
- 병(病) : 늙고 노쇠해서 병이 드는 단계이다.
- 사(死) : 늙고 노쇠해서 병이 들어 죽는 단계이다.
- 묘(墓) : 죽어서 무덤에 들어가는 단계이다. 장(葬) 또는 고(庫)라고도 한다.

➢ 도표해설

- 일간이 丁인데 지지에 巳가 있으면 제왕이 된다.
- 일간이 乙인데 지지에 卯가 있으면 건록이 된다.
- 일간이 丙인데 지지에 辰이 있으면 관대가 된다.

여기서 삼합(三合)과 묘(墓)에 대하여 알아두고 넘어가기로 한다. 삼합의 끝 글자는 삼합하여 변한 오행의 묘지(墓地)가 되고 고지(庫地)가 된다. 묘(墓)는 고(庫)라고 한다는 점을 기억하여야 한다.

- 未는 木(甲)의 墓지 또는 庫지이다 (亥卯未 合 木).

- 辰은 水(壬)의 墓지 또는 庫지이다 (申子辰 合 水).
- 戌은 火(丙)의 墓지 또는 庫지이다 (寅午戌 合 火).
- 丑은 金(庚)의 墓지 또는 庫지이다 (巳酉丑 合 金).

위 삼합(三合)과 고(庫)를 다시 설명하면,

- 미토(未土)는 나무의 倉庫이고
- 진토(辰土)는 물의 倉庫이고
- 술토(戌土)는 불의 倉庫이고
- 축토(丑土)는 쇠의 倉庫이다.

24. 오행(五行)의 왕상휴수사(旺相休囚死)

왕상휴수사(旺相休囚死)는 일간(日干)이 사주에서 득령(得令)했는지 즉 월지(月支)의 힘을 받고 있는지 알아보기 위한 것이다. 다시 말해 계절의 변화에 따른 일간의 오행의 강약을 보는 것이다.

강약의 순위는 旺, 相, 休, 囚, 死의 순이다. 旺相은 强한 것이고 休囚死는 弱한 것이다.

- 왕(旺)은 日干과 月支의 오행 節氣가 같은 경우이고
- 상(相)은 月支 오행 節氣가 日干을 生하는 경우이고
- 휴(休)는 日干이 月支 오행 節氣를 生하는 경우이고
- 수(囚)는 日干이 月支 오행 節氣을 剋하는 경우이고
- 사(死)는 月支의 오행 節氣가 日干을 剋하는 경우를 말한다.

	봄	여름	가을	겨울	환절기
	寅卯辰 月	巳午未 月	申酉戌 月	亥子丑 月	辰戌丑未
木(甲, 乙)	왕(旺)	휴(休)	사(死)	상(相)	수(囚)
火(丙, 丁)	상(相)	왕(旺)	수(囚)	사(死)	휴(休)
土(戊, 己)	사(死)	상(相)	휴(休)	수(囚)	왕(旺)
金(庚, 申)	수(囚)	사(巳)	왕(旺)	휴(休)	상(相)
水(壬, 癸)	휴(休)	수(囚)	상(相)	왕(旺)	사(死)

더 자세한 내용은 입문(入門) 2부에서 다루기로 하겠다.

25. 신살(神殺)

신살(神殺)은 좋은 작용을 하는 신(神)과 나쁜 작용을 하는 살(殺)이 결합된 용어라 할 수 있다. 쉽게 말해서 길신(吉神)과 흉살(凶殺)을 합쳐서 신살(神殺)이라고 한다.

신살은 명리학적 근거가 없다고 하여 신살무용론(神殺無用論)을 주장하는 분들도 많이 있지만, 신살 중에서도 중요한 의미를 지니는 것들은 사주풀이에 참고하는 것이 좋다고 생각한다.

(1) 삼재삼년(三災三年)과 삼살방위(三殺方位)

삼재삼년이란 '3년간 재수가 없다'고 해서 붙여진 용어이다. 사주에서는 따지지 않고 운에서 따진다. 삼재삼년 동안에는 무슨 일이든 무리하게 추진하지 않는 것이 좋다. 삼재기간에도 일이 잘 풀리는 경우가 있는데, 이런 경우를 복삼재(福三災)라고 하여 복이 3배로 들어온다고 한다.

년지(띠) · (삼합)	亥卯未 띠	寅午戌 띠	巳酉丑 띠	申子辰 띠
삼재기간(방합)	巳午未 年	申酉戌 年	亥子丑 年	寅卯辰 年

년지(띠) · (삼합)	亥卯未 띠	寅午戌 띠	巳酉丑 띠	申子辰 띠
삼살방위	西方	北方	東方	南方

삼합과 방합을 알면 삼재기간을 쉽게 찾을 수 있다. 年支(띠)로 삼합하여 그 삼합 끝 자와 같은 끝 자를 가지고 있는 방합을 찾으면, 그 삼년 동안이 바로 삼재 기간이다.

위 표에서 亥(돼지), 卯(토끼), 未(양) 띠는 巳, 午, 未 삼년이 삼재기간이다. 첫해인 巳년이 들(入) 삼재, 다음 해인 午년이 머무를(宿) 삼재 또는 누울 삼재, 마지막 未년이 날(出) 삼재가 된다. 亥卯未 삼합과 巳午未 방합의 끝 자는 둘 다 미로서 똑같다.

삼살방위는 亥卯未띠의 경우 亥卯未 合 木이 되고 木은 東邦이니 그 반대 방향인 西方이 삼살방위가 된다는 것이다. 다른 삼살방위도 마찬가지 방법으로 찾으면 된다. 삼재삼년(三災三年)이든 삼살방위(三殺方位)이든 오늘날의 실정에는 부합하지 않는다고 하여 무시하는 학자들도 있다.

(2) 십이신살(十二神殺)

- 겁살(劫殺) : 여기서 겁(劫)은 '위협하다', '빼앗다'의 의미가 있다.

따라서 겁살이 있으면 위협 당해서 빼앗긴다. 도난, 심장마비, 겁탈 등 재앙을 당할 수도 있다는 흉살이다.

- 재살(災殺) : 일생 동안 재앙이 끊이지 않는다는 흉살이다. 관재, 송사, 납치, 감금 등의 의미가 내포되어 있다.
- 천살(天殺) : 홍수나 가뭄 등의 천재지변을 당한다는 흉살이다.
- 지살(地殺) : 역마살과 비슷하다고 본다. 오늘날은 흉살로 보지 않는다.
- 년살(年殺) : 도화살(桃花殺), 함지살(咸池殺), 목욕살(沐浴殺), 패살(敗殺)이라고도 한다. 이성의 유혹을 많이 받거나, 스스로 색욕에 빠지기 쉽다고 한다. 이른바 '끼'살이다. 오늘날은 도화살의 사교성을 강조하여 오히려 길신으로 보는 경향이 있다.
- 월살(月殺) : 살아가면서 고초가 많다는 흉살이다.
- 망신(亡身) : 말이나 행동을 잘못하여 명예나 체면이 손상된다는 흉살이다. 망신살이 있으면 예기치 못한 봉변을 당하는 수가 있다.
- 장성(將星) : 주체성이 강하고 배포가 크다. 장군살이라고도 하며 번영, 영전 등을 의미하기도 한다. 흉살로 보지 않고 길신으로 보는 경향이 있다.
- 반안(攀鞍) : '말안장살'이라고도 하며 출세, 영전, 승진 등을 의미한다. 흉살이 아니라 길신으로 본다.
- 역마(驛馬) : 정처 없이 떠돌아다닌다는 의미의 역마는 모르는 사람이 없을 정도로 유명한 신살이다. 이동, 변동, 활동 등의 의미를 내포하는 역마는 오늘날 흉살이 아니라 오히려 길신으로 보는 경향이 있다.

- 육해(六害) : 질병, 고립, 중단, 불화, 손재 등을 의미하는 흉살로 지금은 잊혀져가는 신살이다.
- 화개(華蓋) : '꽃방석살'이라고도 하는 화개는 학문, 지혜, 고독, 예술, 종교 등의 의미를 내포하고 있으며, 화개가 있으면 특히 종교적 신앙심이 깊다고 한다. 흉살이 아니라 오히려 길신으로 보는 경향이 있다.

십이신살표

년지, 일지	겁살	재살	천살	지살	년살	월살	망신	장성	반안	역마	육해	화개
亥卯未	申	酉	戌	亥	子	丑	寅	卯	辰	巳	午	未
寅午戌	亥	子	丑	寅	卯	辰	巳	午	未	申	酉	戌
巳酉丑	寅	卯	辰	巳	午	未	申	酉	戌	亥	子	丑
申子辰	巳	午	未	申	酉	戌	亥	子	丑	寅	卯	辰

(3) 여러 가지 신살(神殺)

아래에 열거한 신살 외에도 무수히 많은 신살들이 있는데, 신살무용론(神殺無用論)까지 비등하고 있는 오늘날 모두 기술하는 것은 의미가 없다고 보아 생략한다.

- 양인살(羊刃殺) : 그냥 인살(刃殺)이라고도 하는데 사주에 양인살이 있으면 성격이 급하고 독하며 잔인하다고 한다. 그러나 사주의 격국이 좋으면 오히려 출세하여 권세를 누린다. 여자의 경우에는 과부가 되는 사주로 보기도 한다. 사주에서 陽日干에 지지가 겁재인 경우 양인살이 있는 것으로 본다.

甲 丙 戊 庚 壬 ------- 양 일간에만 해당한다.

卯 午 午 酉 子 ------- 지지는 어느 위치에 있든 상관없다.

- 백호살(白虎殺) : 한자 뜻 그대로 흰 털의 호랑이처럼 피를 보게 하거나 또는 피를 본다는 뜻의 신살이다.

甲	戊	丙	壬	丁	癸	乙
辰	辰	戌	戌	丑	丑	未

정치인이나 무장들 중에 괴강살이나 백호살이 있는 경우가 많다. 두 개씩 있는 경우도 있다. 사주학자들 중에 오늘날은 백호살이 아무 의미가 없다고 주장하는 분들도 있다.

- 괴강살(魁罡殺) : 무리의 우두머리가 된다는 뜻의 괴강살은 모 아니면 도라는 식의 극단적 성향을 나타낸다.

庚	庚	壬	壬	戊
辰	戌	辰	戌	戌

(4) 천을귀인(天乙貴人) : 일간을 기준으로 지지를 본다.

일간	甲	戊	庚	乙	己	丙	丁	壬	癸	辛
지지	丑未	丑未	丑未	子申	子申	酉亥	酉亥	卯巳	卯巳	寅午

귀인 중 으뜸이며 사주에 천을귀인이 있으면 지혜롭고 총명하다고 한다. 또한 병에 걸려도 잘 낫게 해주며 재앙이 닥쳐와도 없애 준다고 하는 길신이다.

- 월덕귀인(月德貴人) : 선조의 덕이 있고 재앙을 없애 주는 길신이다. 여자의 경우 월덕, 천덕이 같이 있으면 온순하고 정조관념이 강하며 산액(產厄)이 없다고 한다.
- 천덕귀인(天德貴人) : 월덕귀인과 비슷한 길신이다.
- 복성귀인(福星貴人) : 복록을 누리게 된다는 길신이다.
- 학당귀인(學堂貴人) : 학문의 재주가 있다는 길신이다.
- 복덕수기(福德秀氣) : 일생 험난한 일을 당하지 않으며 가정의 파란이 없다는 길신이다.
- 금여록(金與祿) : 남자의 경우 처덕이 있고 여자의 경우 남편 덕이 있다는 길신이다
- 암록성(暗綠星) : 인덕이 있고 재물이 풍족하다는 길신이다.
- 정록성(正祿星) : 암록성과 비슷한 길신이다.
- 협록(夾祿) : 벼슬운과 재운이 좋다는 길신이다.
- 문창성(文昌星) : 글재주가 뛰어나다는 길신이다.
- 삼기(三奇) : 영웅으로 출세하거나 천재로 명성을 떨친다는 길신이다.
- 천혁(天赫) : 사주에 흉신이 있어도 작용을 못 하게 한다는 길신이다.
- 천의성(天醫星) : 의사처럼 타인의 인명을 구한다는 활인(活人)의 길신이다.
- 천문성(天門星) : 사주에 천문성이 있으면 신비력이나 종교적 영감력이 뛰어나고 꿈이 잘 맞는다고 한다. 특히 戌, 亥가 있는 사주 중에 많다고 한다.
- 음양착살(陰陽錯殺) : 부부간 불화로 풍파가 많다는 흉살이다.
- 귀문관살(鬼門關殺) : 의부증, 의처증 등 의심이 많고 신경쇠약으로 정신질환에 시달린다는 흉살이다. 원진살과 비슷하다고 보는

분도 있다.

- 낙정관살(落井關殺) : 우물에 빠지게 된다는 흉살이다.
- 원진살(怨嗔殺) : 부부간 불화 등 서로 미워한다는 흉살로 형, 파, 해, 원진을 설명할 때 이미 자세하게 설명하였다.
- 급각살(急脚殺) : 소아마비, 관절염, 신경통 등에 걸려서 고생할 수 있다는 흉살이다.
- 고란살(孤鸞殺) : 여자 사주에서 독수공방한다는 흉살이다.
- 고신살(孤辰殺) : 남자 사주에서 홀아비가 된다는 흉살이다.
- 과숙살(寡宿殺) : 여자 사주에서 과부가 된다는 흉살이다.
- 효신살(梟神殺) : 불효자가 된다는 흉살이다
- 십악대패살(十惡大敗殺) : 되는 게 하나도 없고 크게 실패한다는 의미의 흉살이다.
- 탕화살(湯火殺) : 어릴 적에 끓는 물이나 불에 빠져 화상을 입을 우려가 있다는 의미의 흉살이다.
- 홍염살(紅艶殺) : 이성을 끄는 매력이 넘치고 스스로도 색(色)에 방탕할 우려가 있어, 화류계를 떠돌 수 있다는 흉살이다.
- 홍란(紅鸞) : 여자 사주에 홍란이 있으면 용모가 단정 수려하고 품행이 얌전하며 현모양처의 덕이 있다고 본다. 길신으로 본다.
- 상문살(喪門殺) : 상문살이 들면 집안에 불안한 일이 발생하고 초상이 날 우려가 있다. 자신도 하는 일이 잘 안 된다.
- 조객살(弔客殺) : 상문살과 의미가 같다.
- 현침살(懸針殺) : 한의사 침구사 간호사 역술인 등이 된다는 신살이다. 직업과 관련지어진 신살로서 흉살로 보기 어렵다.
- 부벽성(斧劈星) : 실패와 손재를 자주 당한다는 흉살이다.

(4)공망(空亡)

1) 공망(空亡)

천간이 10자, 지지가 12자 이므로 干과 支가 짝을 지으면 글자(地支) 두 개가 항상 남으니, 짝을 짓지 못하는 이 두 글자(地支)를 '공망(空亡)' 또는 '공망(空亡)된 지지'라고 부른다. 공망(空亡)의 공(空)자는 '비다'. '없다'. '모라자다'는 뜻이고 망(亡)자는 '망하다'는 뜻이다. 따라서 공망(空亡)이란 비거나 없거나 모자라서 망한다라는 뜻이 된다. 그래서 공망이 살(殺)로 취급받기도 하는 것이다. 길신이 공망되면 흉(凶)하고, 흉살이 공망되면 오히려 좋다고 설명하기도 한다.

공망표

	육십갑자(년주 또는 일주)									공망
甲子	乙丑	丙寅	丁卯	戊辰	己巳	庚午	辛未	壬申	癸酉	戌, 亥
甲戌	乙亥	丙子	丁丑	戊寅	己卯	庚辰	辛巳	壬午	癸未	申, 酉
甲申	乙酉	丙戌	丁亥	戊子	己丑	庚寅	辛卯	壬辰	癸巳	午, 未
甲午	乙未	丙申	丁酉	戊戌	己亥	庚子	辛丑	壬人	癸卯	辰, 巳
甲辰	乙巳	丙午	丁未	戊申	己酉	庚戌	辛亥	壬子	癸丑	寅, 卯
甲寅	乙卯	丙辰	丁巳	戊午	己未	庚申	辛酉	壬戌	癸亥	子, 丑

일주(日柱)를 기준으로 하여 년지, 월지, 시지를 보고, 년주(年柱)를 기준으로 하여 일지를 본다. 위 표에서 일주가 丁丑이고 년지나 월지나 시지에 申 또는 酉가 있으면 그 자리가 공망이다. 또한 년주가 丁酉이고 일지에 辰이나 巳가 있으면 일지 자리가 공망이 된다.

2) 필자의 공망론

이상 기존의 공망론(空亡論)에 대하여 살펴보았다. 그러나 여기서 필자는 기존의 공망론에 이의를 제기한다. 다시 말해 필자는 공망무용론(空亡無用論)을 주장한다. 나아가 '공망(空亡)'이라는 용어 자체가 없어져야 한다고 생각한다.

천간이 10자, 지지가 12자이므로 干과 支가 짝을 지으면 글자(地支) 두 개가 항상 남으니, 짝을 짓지 못하는 이 두 글자(地支)를 '공망(空亡)' 또는 '공망(空亡)된 지지'라고 부른다. 그러나 1년 열 두 달 또는 60갑자 60년 동안 짝을 짓지 못하는 글자(地支)는 단 한 개도 없다. 따라서 공망(空亡)'이라는 용어 자체가 존재할 근거가 없다. 설사, 공망(空亡)'을 인정한다고 하더라도

甲子旬에서는 戌亥가 아니고 子丑이
甲戌旬에서는 申酉가 아니고 戌亥가
甲申旬에서는 午未가 아니고 申酉가
甲午旬에서는 辰巳가 아니고 午未가
甲辰旬에서는 寅卯가 아니고 辰巳가
甲寅旬에서는 子丑이 아니고 寅卯가

공망(空亡)'이 된다. 위와 같이 보는 근거는, 甲子旬 甲戌旬 甲申旬 甲午旬 甲辰旬 甲寅旬에서 각각 짝을 지은 맨 처음 天干 두 글자가 분리되어 뒤에 남아 있는 地支 두 글자와 짝을 이루었으니, 맨 앞의 지지 두 글자가 공망(空亡)'이 되었다고 보기 때문이다.

그러나 앞서 기술한 바와 같이 필자는 1년 열 두 달 또는 60갑자 60년 동안 짝을 짓지 못하는 글자(地支)는 단 한 개도 없다고 본다. 버스가 지나가도 같은 버스든 다른 버스든 또 오게 되어 모두가 타고 가기 마련이다. 따라서 공망이라는 용어 자체가 존재할 근거가 없다

고 보는 것이다. 또한 실무상으로도 기존의 공망론에 따라 사주를 풀이해 보니 잘 맞지 않는 경우도 많이 있었다.

26. 육신(六神)과 통변성(通辯星)

오행은 다른 오행을 生할 수도 있고 剋할 수도 있으며, 같은 동기(同氣)를 만날 수도 있다. 이러한 오행의 상호작용을 현실에서 사람에게 적용하여 설명하기 위해서는 특정한 용어가 필요한데, 이 용어가 바로 육신(六神)이다. 그래서 육신을 통변성(通辯星, 상대방에게 그 뜻을 알게 설명하는 도구)이라고도 한다. 육신을 알기 쉽게 표로 설명하면 아래와 같다.

일간(日干)을 기준으로 삼는다는 것을 한시도 잊어서는 안 된다.
오행에 배속되는 것은 그것이 천간이든 지지든 모두 해당된다.

일간과 오행이 같은 것을 비겁(比劫)이라고 한다(나와 오행이 같은 것)	음양이 같으면 비견(比肩)이다. 음양이 다르면 겁재(劫財)이다.
일간이 生해 주는 오행을 식상(食傷)이라고 한다(내가 생해 주는 것)	음양이 같으면 식신(食神)이다. 음양이 다르면 상관(傷官)이다.
일간이 剋하는 오행을 재성(財星)이라고 한다(내가 극하는 것)	음양이 같으면 편재(偏財)이다. 음양이 다르면 정재(正財)이다.
일간을 剋하는 오행을 관살(官殺)이라고 한다(내가 극하는 것)	음양이 같으면 편관(偏官)이다. 음양이 다르면 정관(正官)이다
일간을 生해 주는 오행을 인성(印星)이라고 한다(나를 생해 주는 것)	음양이 같으면 편인(偏印)이다. 음양이 다르면 정인(正印)이다.

다시 반복해서 설명하기로 한다.

비겁은 비견과 겁재로 나뉜다.
비견은 일간과 오행이 같고 음양도 같다.
겁재는 일간과 오행이 같고 음양이 다르다.
식상은 식신과 상관으로 나뉜다.
식신은 일간이 생해 주는 오행이고 음양이 같다.
식상은 일간이 생해 주는 오행이고 음양이 다르다.
재성은 편재와 정재로 나뉜다.
편재는 일간이 극하는 오행이고 음양이 같다.
정재는 일간이 극하는 오행이고 음양이 다르다.
관살(관성)은 편관과 정관으로 나뉜다.
편관은 일간을 극하는 오행이고 음양이 같다.
정관은 일간을 극하는 오행이고 음양이 다르다.
인성은 편인과 정인으로 나뉜다.
편인은 일간을 생해 주는 오행이고 음양이 같다.
정인은 일간을 생해 주는 오행이고 음양이 다르다.

27. 육신(六神)의 의미와 특성

육신의 특성이라고 하면 비겁, 식상, 재성, 관살(관성), 인성(인수)의 특성을 설명해야 하겠지만, 이렇게 묶어서 설명하는 것은 사실상 시간낭비라는 생각이 들어서 비겁은 비견과 겁재로, 식상은 식신과 상관으로, 재성은 편재와 정재로, 관살은 편관과 정관으로, 인성은 편인과 정인으로 각 나누어서 설명하기로 한다. 이렇게 나누면 모두 열 개가 나온다고 해서 '십성(十星)의 특성'이라고 제목을 붙인 책도 있다.

(1) 비견(比肩)

비견은 사주상 본인인 '나'를 의미하는 일간과 같은 음양오행으로서, 형제자매 등을 나타내며 주체자인 '나'의 힘을 강화시켜 준다. 그래서 비견이 많은 사람은 주체성이 강하고 고집이 세다.

비견은 협력, 협동, 교제, 교류, 고집, 교만, 자존심, 주체성 등의 특성을 가지고 있다.

(2) 겁재(劫財)

겁재는 비견과 같은 오행이지만 음양이 다르다. 겁재는 늘 자신이 원하는 것을 빼앗아 가려고 하는 성향이 강하다. 다시 말해서 라이벌 의식이 강하다.

겁재는 비견에 비해 성정이 더 뚜렷하고 강하다.

겁재는 경쟁, 투쟁, 쟁탈, 시비, 불만, 반항 등의 특성을 지닌다.

(3) 식신(食神)

식신은 식료품 등 인간생활에 필요한 물질적 자원이다. 의식주 등 인간의 생활을 영위하기 위해 필요한 물질의 생산 행위와 그 수단도 모두 식신이라고 할 수 있다. 물질의 지적 생산 수단인 발명, 창의력, 연구도 식신이다. 식신이 많으면 낙천적이고 온후하다.

식신은 식품, 의식주, 연구, 탐구, 과학자 등의 특성을 지닌다.

(4) 상관(傷官)

식신이 물질적 자원인 데 반해 상관은 정신적 자원이다. 교육, 문화, 예능 등 정신적 사고와 활동이 상관이다. 상관은 관살에게 상처를 입힌다는 뜻을 가지고 있다. 그래서 상관은 식신에 비해 더 적극적이고 호기심도 많다. 상관이 많으면 다재다능하고 창조적인 성향을 가진다.

상관은 권모술수, 반항, 과감, 호기심, 탤런트, 교육, 문화, 예술 등의 특성을 지닌다.

(5) 편재(偏財)

편재는 투기, 횡재 등 통상적이지 않은 방법으로 취득한 재물을 말한다. 육친으로 재성은 여자에 해당하는데, 편재는 합법적인 아내가 아닌 애인, 내연녀 등 부적절한 관계로 맺어진 여자를 말하기도 한다. 정재에 비하여 편재는 더 강하고 적극적인 성향을 보인다. 편재가 많으면 욕심이 많고 주색을 밝힌다.

편재는 횡재, 일확천금, 투기, 모험, 속전속결, 자수성가, 낭비벽 등의 특성을 지닌다.

(6) 정재(正財)

정재는 정상적인 근로의 대가로 취득하는 재물, 소득 등을 말한다. 정재는 육친상으로 합법적인 아내이고 차근자근 단계를 밟아서 올라가는 승진, 영전을 말한다. 정재는 정직하고 부지런하며 안정을 추구한다.

정재는 정통성, 안전주의, 근면, 성실, 근검절약, 꾸준한 노력, 명예 등의 특성을 지닌다.

(7) 편관(偏官)

편관은 보다 강력한 규범과 통제이며 일반 행정법규에 비해 형사법규라 할 수 있다. 편관은 정관에 비해 강한 기운을 가지고 있어서 형관이나 군경의 직업에 비유된다. 의협심, 모험심, 과단성이 있으나 군림하는 성향이다.

편관은 강압, 복종, 조직성, 권모술수, 세력다툼, 의리, 용맹, 인내심 등의 특성을 지닌다.

(8) 정관(正官)

일반적이고 행정적인 규범과 통제이고 형사법규보다는 행정법규에 비유될 수 있다. 온화하고 부드러운 봉사행정을 펼치는 공직자상이라 할 수 있다. 인자하고 정직한 인격자이다.

정관은 원만정대, 용모단정, 사무직, 위신, 체면, 명예, 관료적, 보수성 등의 특성을 지닌다.

(9) 편인(偏印)

편인은 육친으로 계모이고, 진실성이 결여된 기만적이고 인기위주의 사랑에 비유된다. 영적인 신비력이 뛰어나다.

편인은 가식적, 기만적, 변태적, 게으름, 박복, 고독, 용두사미 등의 특성을 지닌다.

(10) 정인(正印)

정인은 무조건적인 희생과 사랑으로 길러주는 친모에 비유된다. 정인은 학문성, 종교성도 지니고 있다.

정인은 자애, 자비, 양심, 인격자, 도덕심, 명예, 신망, 총명, 용모단정 등의 특성을 지닌다.

28. **육신**(六神)**의 생극**(生剋)**관계**

- 비겁은 일간과 오행이 같은 간지이므로, 일간과 더불어 인성(인수)의 生을 받고 식상을 生해주며, 관살의 剋을 받고 재성을 剋한다.
- 식상은 일간과 비겁의 生을 받고 재성을 生해주며, 인성(인수)의 剋을 받고 관살(관성)을 剋한다.
- 재성은 식상의 生을 받고 관살(관성)을 生해주며, 일간과 비겁의 剋을 받고 인성(인수)을 剋한다.
- 관살(관성)은 재성의 生을 받고 인성(인수)을 生해주며, 식상의 剋을 받고 일간과 비겁을 剋한다.
- 인성(인수)은 관성의 生을 받고 일간과 비겁을 生해주며, 재성의 剋을 받고 식상을 剋한다.

29. **육친**(六親)

육친(六親)이란 육신(비겁, 식상, 재성, 관살, 인성)에 가족관계 또는 친족관계를 적용시킨 것이다. 말하자면 육신(六神)을 통해 사주상의 가족관계를 들여다보기 위해 만들어 낸 개념이 육친(六親)이다. 친족의 의의와 범위에 대하여는 민법에 규정하고 있다.

육신(六神)과 육친(六親)을 구별하지 않고 육친(六親)이라는 용어

하나로 통일해서 사용하는 책도 있지만, 혼동을 피하기 위하여 구별해서 사용하는 것이 좋다고 본다.

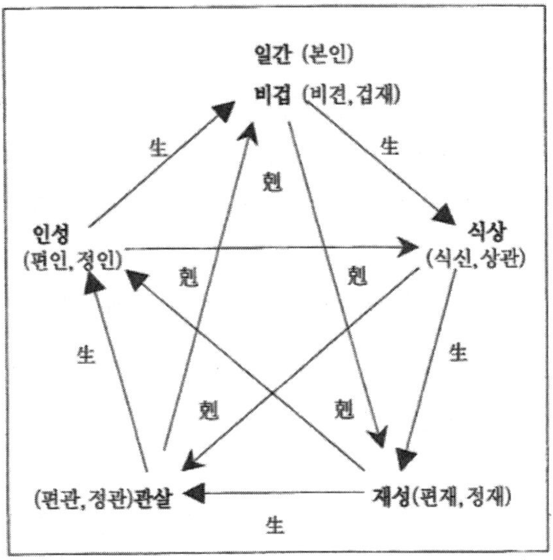

육친(六親)을 공부하기 전에 몇 가지 유념할 사항이 있다.

첫째, 남자의 사주와 여자의 사주를 반드시 구별해서 보아야 한다.
둘째, 남자든 여자든 모두 일간(본인)을 기준으로 한다.
셋째, 모든 여자는 남자의 剋을 받는다. 즉 남자는 여자를 剋한다.
넷째, 부친과 자식과의 관계에서 자식은 부친을 剋한다.
다섯째, 모친과 자식과의 관계에서는 남녀구분 없이 모친이 자식을 생한다.

육친의 가족관계를 정리해 보면 다음과 같다.

- 비견(比肩)

남자 : 형제자매, 친구, 동료, 동업자.

여자 : 형제자매, 동서, 친구, 동료, 동업자.

- 겁재(劫財)

남자 : 이복 형제자매, 자부(며느리), 아들의 애인, 처의 애인.

여자 : 이복 형제자매, 시부(시아버지), 남편의 애인.

- 식신(食神)

남자 : 외조부, 사위.

여자 : 딸, 조모.

- 상관(傷官)

남자 : 조모, 장모, 딸의 애인.

여자 : 아들, 외조부, 시누이 남편.

- 편재(偏財)

남자 : 부친, 백숙부, 모친의 애인, 애인, 처남.

여자 : 고모, 모친의 애인, 시모(시어머니).

- 정재(正財)

남자 : 아내, 고모, 처재.

여자 : 부친, 백숙부, 이모부.

- 편관(偏官)

남자 : 아들, 매부, 여형제의 애인.

여자 : 외조모, 시누이, 자부, 애인.

- 정관(正官)

남자 : 딸, 외조모.

여자 : 남편, 남편의 형제, 자매의 남편.

- 편인(偏印)

남자 : 계모, 조부, 외삼촌, 장인, 부친의 애인.

여자 : 모친, 계모, 이모, 부친의 애인, 딸의 애인.

- 정인(正印)
  남자 : 모친, 이모.
  여자 : 조부, 외삼촌, 사위.

30. 용신(用神)의 의미와 관련 용어

이제부터 사주학의 핵심 내용이라고 할 수 있는 용신에 대하여 설명하기로 한다. 용신이란 간단하게 말해서 사주에서 오행(五行)의 중화(中和)를 위해 가장 필요한 오행을 말한다. 다시 말하면 사주에서 어떤 오행의 힘이 지나치게 강하면 강한 오행을 억제하거나 힘이 빠지게 하는 오행이 용신이고, 어떤 오행의 힘이 약하면 그 힘을 생조(生助)해 주는 오행이 용신이다. 이를 억부용신(抑扶用神)이라고 한다.

또한 사주가 너무 냉습(冷濕)하면 데워주는 간지가 용신이고, 너무 열조(熱燥)하면 이를 식혀주고 축여주는 간지가 용신이다. 이를 조후용신(調候用神)이라고 한다.

용신은 억부용신을 원칙으로 하되, 특히 겨울이나 여름에 태어난 사주의 경우에는 반드시 조후용신을 찾아서 억부용신과 종합해서 용신을 정해야 한다. 용신과 관련해서 여러 가지 생소한 용어들이 등장하는데, 이에 대하여 미리 알아 둘 필요가 있다. 그 용어들을 요약해서 정리해 본다.

신강(身强) : 일간의 오행기(五行氣)가 강하면 신강이다.
여기서 신(身)은 일간(日干)을 말한다.

신약(身弱) : 일간의 오행기(五行氣)가 약하면 신약이다.
여기서 신(神)도 일간(日干)을 말한다.

희신(喜神) : 용신을 生하며 도와주는 좋은 오행이다.
용신도 희신의 하나이고, 희신 중에서 일간에게 가장 이로운 오행이 용신이다.

기신(忌神) : 사주에서 방해가 되는 나쁜 오행이다.

구신(仇神) : 기신을 생하며 도와주는 나쁜 오행이다.

구신(救神) : 일간을 사지에서 구원하는 좋은 오행이다.

한신(閑神) : 희신도 기신도 아닌 오행이다.
때로는 용신을 돕고 때로는 기신을 돕는다

병신(病神) : 용신을 剋하여 파괴(破壞)하는 나쁜 오행이다.

약신(藥神) : 기신 또는 병신을 剋하여 파괴(破壞)하는 좋은 오행이다.

31. 용신(用神) 찾는 방법

사주에서 오행(五行)의 중화(中和)를 위해 가장 필요한 오행이 용신이라고 앞에서 설명한 바 있다. 그러면 구체적으로 어떠한 경우에 오행이 중화되었다고 보는가? 사주 내에 오행이 골고루 모두 갖추어져 있으면서 일간을 도와주는 오행(육신으로 말해서 비겁이나 인성)의 합이 4개이고, 일간의 힘을 빼는 오행(육신으로 말해서 식상, 재성, 관살)의 합이 4개여서 양쪽이 4대4의 균형을 이루는 사주를 중화

(中和)된 사주라고 말한다. 이런 사주는 사주가 주류(周流, 골고루 흐름)되어 命主(四柱의 주인공)의 일생에 큰 파동이 없는 사주로 본다.

여기서 주의할 것은 오행의 총 개수 8개에 일간(日干)은 개수에 포함되지 않고, 대신 가장 힘이 세다고 하는 월지(月支)의 오행의 개수를 2개로 계산한다는 것이다.

그러면 용신(여기서는 억부용신을 말한다) 찾는 방법을 알아보기로 한다. 아래 방법은 용신을 쉽게 찾기 위한 원칙적인 방법일 뿐이고, 여기에 더하여 고려사항이 많다는 것을 유념하여야 한다.

첫째, 4대4의 균형을 이루었지만 어느 오행이 빠져 있을 경우, 양(陽)일간일 때에는 신강, 음(陰)일간일 때는 신약으로 본다.

둘째, 오행 중 어느 한 오행만 없을 때는, 용신과 관계없이 그 오행을 희신(喜神)으로 본다.

셋째, 어느 한 오행이 5개 이상이 되는 사주는 신약, 신강 관계없이 그 오행이 용신이다. 이 경우는 용신이 生해주는 오행이 희신(喜神)이 된다.

넷째, 인성과 비겁의 합이 1이어서 1대7인 사주는 식상, 재성, 관살 중 가장 강한(혹은 개수가 많은) 오행을 용신으로 한다.

다섯째, 용신을 生해주는 오행이 있으면 더욱 좋다.

32. 신강(身强) 신약(身弱)의 판별

용신을 정할 때 제일 먼저 사주가 신강한지 신약한지부터 알아야 한다. 일반적으로 일간이 득령(得令)하면 신강이고 실령(失令)하면 신약이다. 득령이란 일간이 때(節氣)를 얻은 것이고, 실령이란 일간이 때(節氣)를 얻지 못한 것이다. 그러나 일간이 득령했다고 하더라도, 식상·재성·관살 등이 많거나 왕(旺)하면 신약이 될 수 있다.

일간은 십이운성(포태법)으로 장생, 건록, 제왕 등을 만나면 신강의 조건이 되고(신강으로 판별될 가능성이 많음), 절 · 태 · 쇠 · 병 · 사 · 묘 등을 만나면 신약의 조건(신약으로 판별될 가능성이 많음)이 된다. 여기서 득령(得令), 득세(得勢), 득지(得地)와 사령신(司令神)에 대하여 살펴본다.

(1) 득령과 실령

- 득령 : 일간(日干)과 월지(月支)와의 관계를 보아, 월지가 일간과 같은 비겁이거나 일간을 生하는 인성이면 일간이 득령(得令)했다고 한다. 이 경우 사주팔자 중 가장 강력한 힘을 지닌 월지의 도움으로 일간이 강해지는 것이니, 신강(身强) 또는 신왕(身旺)하다고 하는 것이다.
- 실령 : 일간(日干)과 월지(月支)와의 관계를 보아 월지가 비겁이나 인성이 아니고 식상이나 재성이나 관살이면 일간이 실령(失令)했다고 한다. 이 경우 일간이 생조(生助)를 받지 못하고 오히려 일간의 힘이 약해지는 것이니, 신약(身弱)하다고 하는 것이다.

정리하면,

월지에 비겁이 있어 득령하면 대부분 신강한 사주이다.
월지에 인성이 있어 득령하면 대부분 신왕한 사주이다.
월지에서 실령하면 대부분 신약한 사주이다.

(2) 득세와 실세

- 득세 : 월지를 제외한 다른 천간 지지에 비겁과 인성이 많으면, 득세(得勢)했다고 한다. 비록 월지의 도움을 받지는 못 했지만 대신 다른 많은 세력을 얻어 일간이 왕(旺)해지니, 신강(身强)의 조건이 된다.
- 실세 : 월지를 제외한 다른 천간 지지에서도 비겁이나 인성이 없거나 많지 않으면 실세(失勢)하였다고 한다. 주위에서 일간을 도와주지 않아 일간이 약해지니 신약(身弱)의 조건이 된다.

(3) 득지와 실지

- 득지 : 지지의 지장간(地藏干)에 일간과 같은 오행의 천간이 있으면, 일간이 뿌리를 내렸다고 하여 득지(得地), 유근(有根), 착근(着根), 통근(通根)했다고 한다. 천간이 지지에 뿌리를 내리면 천간의 힘이 강화되고 안정성을 가지게 된다.
- 실지 : 지지의 지장간(地藏干)에 일간과 같은 오행의 천간이 없으면, 일간이 뿌리가 없다고 하여 '실지(失地)했다' 또는 '무근(無根)이다'라고 한다. 천간이 지지에 뿌리가 없으니 천간의 힘이 약화되고 안정성을 잃게 된다.

(4) 사령신(司令神)에 대하여

사령신이란 태어난 달의 월지(月支) 지장간(地藏干) 중에서, 어느 지장간에 해당하는 날에 태어났는지를 보아, 태어난 날에 속하는 그 지장간을 사령신(司令神) 또는 사령장간(司令藏干)이라고 한다.

만약 戌月 10일에 태어났다고 하면, 지장간은 申(餘氣 9일), 丁

(中氣 3일), 戊(正氣 18일)가 되고 결국 丁이 사령신이 된다. 말하자면 세력을 얻은 지장간을 사령신이라고 하는데, 일간의 강약을 판단하는 데 활용한다.

(5) 辰, 戌, 丑, 未月에 출생한 사주

辰, 戌, 丑, 未月에 출생한 사람의 사주풀이가 까다롭고, 그 중에서도 辰월생과 戌월생이 더 까다롭다고 한다. 辰월생은 따뜻한 봄에 태어났지만 辰土는 십이운성으로 水氣의 庫地(물의 창고)이고, 戌월생은 서늘한 가을에 태어났지만 戌土는 십이운성으로 火氣의 庫地(불의 창고)이기 때문이다.

辰土는 기본적으로 土氣이지만
申子辰 삼합하면 왕(旺)한 水氣로 돌아가서 水氣의 庫地가 되고
寅卯辰 방합하면 왕(旺)한 木氣로 돌아간다.

戌土는 기본적으로 土氣이지만
寅午戌 삼합하면 왕(旺)한 火기로 돌아가서 火氣의 庫地가 되고
申酉戌 방합하면 왕(旺)한 金기로 돌아간다.

丑土는 기본적으로 土氣이지만
巳酉丑 삼합하면 왕(旺)한 金氣로 돌아가서 金氣의 庫地가 되고
亥子丑 방합하면 왕(旺)한 水기로 돌아간다.

未土는 기본적으로 土氣이지만
亥卯未 삼합하면 왕(旺)한 木기로 돌아가서 木氣의 庫地가 되고
巳午未 방합하면 왕(旺)한 火기로 돌아간다.

33. 오행, 육신의 균형조절(均衡調節)과 용신

오행이든 육신이든 균형조절은 억부법(抑扶法) 다시 말해 억강부약법(抑强扶弱法)에 따르는 것이다. 용신은 억부법과 함께 조후법(調候法)도 고려해서 종합적으로 판단하여 정해야 한다는 것을 항상 기억하여야 한다.

(1) 오행의 균형조절과 용신

어떤 오행이 강할 때에는,

첫째, 강한 오행을 剋해야 하고, 극하는 오행이 용신이며 희신이다.

둘째, 강한 오행의 기운을 설기시켜야 하고, 강한 오행의 생을 받는 오행이 용신이며 희신이다.

셋째, 강한 오행이 극을 하여 그 기운을 분산시켜야 하고, 剋을 받는 오행이 용신이며 희신이다.

예를 들어 木이 강하면,

- 金으로 木을 극한다(金剋木).
- 火로 木의 기운을 설기(洩氣)시킨다(木生火).
- 土를 克하여 木의 기운을 분산시킨다(木剋土).

⇒水와 木이 기신이고 金과 火와 土가 희신이다(용신은 희신 중에서 정한다).

일간 오행이 약할 때는,

첫째, 인성(印星)으로 일간을 生해 주어야 하고, 인성이 용신이며 희신이다.

둘째, 비겁(比劫)으로 助力해 주어야 하고, 비겁이 용신이며 희신이다.

(2) 육신의 균형조절과 용신

육신의 균형조절도 오행의 균형조절과 같은 이치로 보면 된다. 용신을 찾기가 애매한 경우 기신(忌神)을 먼저 찾는 것도 하나의 방법이다.

1) 다인성(多印星) 신왕 사주

인성이 많아 일간이 왕해진 사주.

재성으로 인성을 剋한다.

비겁으로 인성을 설기(洩氣)시킨다. 그러나 이렇게 되면 왕한 일간이 더 왕해지므로 불가하다고 본다.

식상으로 인성을 분산시킨다.

인성이 강하면 인성과 관살이 기신이고, 재성이 용신 식상이 희신이다.

인중용재격(印重用財格) 또는 식상생재격(食傷生財格)이라는 말도 인성이 많으면 재성이 용신이고, 재성이 약하면 식상이 희신으로서 재성을 생조해 준다는 뜻이다.

2) 다비겁(多比劫) 신강 사주

비겁이 많아 일간이 강해진 사주.

관살로 비겁을 剋한다.

식상으로 비겁을 설기(洩氣)시킨다.

재성으로 비겁의 기운을 분산시킨다.

비겁이 강하면 비겁과 인성이 기신이고, 관살과 식상과 재성이 희신이다.

3) 다식상(多食傷) 신약 사주

식상이 많아 일간이 약해진 사주.

인성으로 식상을 剋한다.

재성으로 식상을 설기(洩氣)시킨다. 그러나 이렇게 되면 일간이 더 약해지므로 불가하다고 본다.

관살로 식상의 기운을 분산시킨다. 이 역시 일간을 극해서 약화시키므로 불가하다.

식상이 강하면 식상은 기신이고, 인성이 희신이며 그 외에는 다 기신작용을 한다.

4) 다재성(多재星) 신약 사주

재성이 많아 일간이 약해진 사주.

비겁으로 재성을 剋한다.

관살로 재성을 설기(洩氣)시킨다. 그러나 이렇게 되면 관살이 일간을 극해서 더 약해지므로 불가하다고 본다.

인성으로 일간을 생하면서 재성의 기운을 분산시킨다.

재성이 강하면 재성과 관살과 식상은 기신이고, 비겁과 인성이 희신이다.

5) 다관살(多官殺) 신약 사주

관살이 많아 일간이 약해진 사주.

식상으로 관살을 剋한다.

인성으로 관살을 설기(洩氣)시키고 약한 일간을 생한다.

비겁으로 관살의 기운을 분산시킨다.

관살이 강하면 관살과 재성이 기신이고, 식상과 인성과 비겁이 희신이다.

34. 격국(格局)

(1) 격국의 의의와 종류

격국(格局)은 사주의 구성과 특성을 짧은 용어로 표현한 것이다. 즉 사주의 모든 것을 가장 짧은 시간에 가장 짧은 단어로 모두 드러내 보이게 하는 것이 격국이다. 정관격이니 상관격이니 전왕격이니 하는 사주의 여러 격(格)들이 다 그런 연유에서 붙여진 이름이다. 비유하자면, 코끼리나 고래를 보지 못한 사람에게 코끼리나 고래에 대해 설명해 주기 위해서는 긴 시간동안 세세하게 설명해 주어야 할 것이다. 그러나 짧은 시간에 짧게 설명해 달라고 하면 무엇이라고 해야 할까 하고 고민해서 축약된 용어를 만들어 낸다면, 그것이 바로 코끼리나 고래의 격국(格局)이 되는 것이다.

사주의 경우에도 '그분 사주 풀어 보니 어때?'하고 물어 오면, 긴 시간 세세하게 설명해 주어야 할 것이다. 그러나 가장 짧은 시간에 가장 짧게 설명해야 한다면, '그분 정관격이야' 또는 '그분 상관격이야' 하고 대답하면 자세한 설명은 다음에 듣더라도 어느 정도는 언뜻 알 수 있는 것이다. 이러한 격국은 크게 내격(內格)과 외격(外格) 두 종류로 나눌 수 있다.

내격은 정격(正格) 또는 팔격(八格)이라고도 한다. 식신격, 상관격,

편재격, 정재격, 편관격, 정관격, 편인격, 정인격 등 8개를 말한다. 필자는 여기에 월지가 비견인 건록격(建祿格)과 월지가 겁재인 월겁격(月劫格)을 포함하여 모두 10개를 내격으로 본다. 다만 월겁재 중에서 일간이 양간인 경우, 즉 양인격(羊刃格)은 따로 외격으로 분류한다.

외격은 별격(別格), 변격(變格)이라고도 한다. 종격, 전왕격, 합화격, 양기성상격 등을 비롯하여 많은 외격이 있다.

(2) 내격(內格)의 판별

월지의 지장간이 천간에 투간(透干, 통할 투, 도달함, 나타남)했느냐를 보고 그 투간된 천간의 육신으로 격을 정한다. 그리고 격을 정하는 우선순위는 지장간의 정기, 중기, 여기(초기) 순이다. 월지의 지장간(정기, 중기, 여기) 중에서 어느 것도 투간하지 않았으면,

- 월지가 子, 午, 卯, 酉이면 바로 그 육신으로 격을 정하고
- 월지가 子, 午, 卯, 酉도 아니면 사주 중에서 가장 왕(旺)한 육신을 격으로 정하는데 대개 월지(月支)의 육신이 격이 된다.

또한 지장간이 일간의 비견이나 겁재가 되면 격으로 정하지 않는다. 그러나 월지가 일간의 비견이면 건록격(建祿格)이 되고 겁재면 월겁격(月劫格)이 되는데, 월겁격 중 일간이 양간(陽干)인 경우를 양인격(羊刃格)이라 한다. 음(陰) 일간인 경우에는 양인격이 성립되지 않음에 주의해야 한다. 음(陰) 일간인 경우에는 신살에서도 양인살이 없다고 본다.

(3) 격국(格局)의 판단 우선순위

앞에서 설명한 내격(內格)의 판별 방법을 다시 한번 정리하여 격국의 판단 우선순위를 보면 다음과 같다.

- 외격(外格)에 해당하면 이것으로 격을 삼는다.
- 월지정기가 천간에 투출하였으면, 투출한 육신으로 격을 삼는다.
  (단, 월지의 지장간이 일간의 비견이나 겁재가 되면 격으로 정하지 않는다.)
- 지지에 삼합, 방합이 있고 그 氣가 천간에 투출하였으면, 투출한 육신으로 격을 삼는다.
- 월지의 사령신(사령장간)이 중기 여기일 경우, 천간에 투출하였으면 이로 격을 삼는다.
- 위에 해당사항이 없으면 원칙적으로 내격(內格) 성립이 안 된다.
  ▹ 월지가 비견·겁재이면 건록격, 월겁격으로 정한다.
  ▹ 월지가 자오묘유이면 그것으로 격을 삼는다.
  ▹ 위의 두 경우가 아니면 가장 힘이 센 오행으로 격을 잡는다.

경우에 따라서 격국이 여러 개가 동시에 성립하는 경우가 있다. 이를 겸격(兼格)이라고 한다. 이 경우 위 우선순위에 비추어 잘 따져서 주(主)와 부(副)를 정하면 된다.

35. 내격(內格)의 특성

(1) 식신격(食神格)

식신은 글자 그대로 먹을 복, 건강장수, 활동력을 뜻한다. 희생과 봉사정신이 강하고 활달하고 멋을 아는 사주이다. 한 가지 일에 몰두하는 탐구정신도 많다. 사업가, 요식업, 연구직 등이 잘 맞는다.

(2) 상관격(傷官格)

상관격 사주는 예술, 예능적 소질이 많고 언변과 표현력이 뛰어나다. 호기심이 많고 두뇌가 명석하며 총명하다. 일주의 기운을 설기시키는 것도 식신에 비해 2배나 된다. 방송연예 계통, 예술 계통 직업이 잘 맞는다.

(3) 정재격(正財格)

정재는 근검절약하여 차근차근 모은 정직한 재물이고, 근면 성실한 근로를 통해 얻은 투명한 소득이다. 정재격 사주는 낭비와 투기를 싫어하고, 꼼꼼하고 알뜰한 성격이다. 꾸준히 일하는 회사원이며, 자식과 남편을 위하는 현모양처이다.

(4) 편재격(偏財格)

편재는 편법적, 투기적 재물을 뜻한다. 편재격인 사주는 일확천금을 노리는 돈욕심이 많고 낭비벽이 있다. 호탕한 성품으로 인기가 많고 처세술도 뛰어나 큰 사업가 체질이다.

(5) 정관격(正官格)

정관은 명예, 권세를 뜻하고 청렴하고 정직한 봉사자로서의 공직자다. 정관격인 사주는 정직하고 예의바르며 품위가 있다. 모범적인 인물로 존경을 받지만 매사에 너무 소극적이고 고지식하여 사람들이 경원시(敬遠視) 하기도 한다.

(6) 편관격(偏官格)

편관도 명예와 권세를 뜻하지만 봉사의 의미는 상대적으로 적다.

독선적이고 독재적인 권위와 공포, 억압으로 통치하고자 하는 성정을 보인다. 인물 좋고 언행도 분명하나, 반항심과 적개심이 가득하다. 편관인 사주는 정의롭고 의협심이 강하며, 강렬한 기운의 형관 군경 사법관이 직업에 맞다.

(7) 정인격(正印格)

정인은 학문, 지혜, 자비심을 뜻하고 육친상으로는 친모(親母)를 뜻한다. 정인격인 사주는 예의바르고 자애심이 많으며 전통을 중시하고 윗사람을 공경한다. 재물에는 욕심이 없는 선비와 학자이다.

(8) 편인격(偏印格)

편인도 학문, 지혜, 자비심을 뜻하고 육친상으로는 계모(繼母)를 뜻한다. 편인은 하는 일이 용두사미로 중도에서 좌절되는 경우가 많다. 편인격인 사주는 이사이동, 직장이동이 많고 이혼하는 경우도 많다. 예능적 소질과 손재주가 뛰어나며, 지혜롭고 임기응변의 요령이 좋다.

(9) 건록격(建祿格)

월지가 일간의 비견이면 건록격이 된다. 그러나 지장간이 일간의 비견이나 겁재가 되면 격으로 정하지 않는다. 건록격은 인덕이 없고 자수성가하는 사주이다. 처복은 없지만 자식복은 있다고 본다.

(10) 월겁격(月劫格)

월지가 일간의 겁재이면 월겁격이 된다. 그러나 지장간이 일간의 비견이나 겁재가 되면 격으로 정하지 않는다.

36. 외격(外格)에 대하여

외격(外格)은 내격이 아닌 경우를 말한다.

(1) 종격(從格)

종격은 일간이 힘이 없어 가장 왕(旺)한 타 오행을 따라 가는 경우로서 기명종격(棄命縱格) 또는 귀상격(鬼象格)이라고도 한다. 이 경우 旺한 오행이 용신이 된다. 旺한 오행을 生하거나 旺한 오행을 설기(渫氣)시키는 오행은 희신이다. 旺한 오행을 剋하거나 旺한 오행이 剋하는 오행은 기신이다.

- 종왕격(從旺格) : 사주의 전부 또는 대부분이 인성인 경우이다.
- 종강격(從强格) : 사주의 전부 또는 대부분이 비겁인 경우이다.
- 종아격(從兒格) : 일간의 뿌리가 없거나 무력하고 사주의 전부 또는 대부분이 식상인 경우이다.
- 종재격(從財格) : 일간의 뿌리가 없거나 무력하고 사주의 전부 또는 대부분이 재성인 경우이다.
- 종살격(從殺格) : 일간의 뿌리가 없거나 무력하고 사주의 전부 또는 대부분이 관살인 경우이다.

(2) 전왕격(專旺格)

전왕격이란 사주 전체 또는 지지의 모든 힘이 일간오행으로 모이는 경우로서 일행득기격(一行得氣格)이라고도 한다.

旺한 오행이나 旺한 오행을 生하는 오행이 용신이며, 旺한 오행을 설기(泄氣)시키는 오행은 희신이다. 旺한 오행을 剋하거나 旺한 오행이 剋하는 오행은 기신이다. 특히, 관살운을 가장 꺼린다. 전왕격에는 다음의 5가지 종류가 있다.

- 곡직인수격(曲直仁壽格) : 木氣格으로 甲, 乙 일간에 지지 亥卯未木局, 寅卯辰木方을 형성하고, 관살인 金이 없는 사주를 말한다.
- 염상격(炎上格) : 火氣格으로 丙, 丁 일간에 지지 寅午戌火局, 巳午未火方을 형성하고, 관살인 水이 없는 사주를 말한다.
- 가색격(稼穡格) : 土氣格으로 戊, 己 일간으로서 지지가 辰, 戌, 丑, 未로 구성되어 있고, 관살인 木이 없는 사주를 말한다.
- 종혁격(從革格) : 金氣格으로 庚, 辛 일간에 지지 巳酉丑金局, 申酉戌金方을 형성하고, 관살인 火가 없는 사주를 말한다.
- 윤하격(潤下格) : 水氣格으로 壬, 癸 일간에 지지 申子辰水局, 亥子丑水方을 형성하고, 관살인 土가 없는 사주를 말한다.

(3) 합화격(合化格)

화격(化格), 화기격(化氣格), 화상격(化象格), 종화격(從化格) 이라고도 한다. 일간이 간합(干合)하여 나온 오행 즉 화신(化神)이 사주에 많은 경우이다. 화신(化神)이 旺하면 旺한 化神이나 旺한 化神을 生하는 오행이 용신이며, 旺한 化神을 剋하는 오행을 가장 꺼린다.

➢ 합화(合化)의 기준 : 일간이 월간 또는 시간과 合이 되고 아래의 기준에 맞으면 합화격(合化格)이 된다.

- 일간은 지지에 뿌리가 없어야 한다
- 化神을 剋하는 오행이 없어야 한다.
- 월령이 化神의 본계절이어야 한다.
  - ▹ 甲己合化土格이면 辰戌丑未월
  - ▹ 乙庚合化金格이면 申酉월
  - ▹ 丙辛合化水格이면 亥子월
  - ▹ 丁壬合化木格이면 寅卯월
  - ▹ 戊癸合化火격이면 巳午월

(4) 양기성상격(兩氣成象格)

일주를 비롯한 사주 전부가 두 가지 오행만으로 이루어지되 서로 세력이 비슷하고 상생관계인 경우 양기성상격(兩氣成象格) 또는 양신성상격(兩神成象格)이라고 한다. 사주가 순청(純淸)하여 매우 길귀(吉貴)한 것으로 본다. 사주학에서는 사주의 구성이 잘 되어 있으면 '성격(成格)되었다'라고 하고 혼탁하면 '파격(破格)되었다'라고 한다.

37. **기타 외격**(外格)

(1) 양인격(羊刃格)

월지가 일간의 겁재면 양인격이 되는데, 양일간인 경우에만 양인격이 되고 음일간이면 양인격이 되지 않는다. 양인격은 인덕이 없고 인생살이 기복이 심한 사주이다. 고집이 강하고 투쟁을 좋아한다.

(2) 사위순전격(四位純全格)

寅申巳亥를 사생(四生), 辰戌丑未를 사고(四庫), 子午卯酉를 사정(四正)이라고 하는데, 사주에 寅申巳亥가 다 있거나 辰戌丑未가 다 있거나 子午卯酉가 다 있으면 사위순전격이라 한다.

1) 사정격(四正格) : 지지전부가 子午卯酉로 도화살局이라 한다. 건명은 대길하고 곤명은 고독하다고 하여 흉하게 보는 경향이 있다. 대표적으로 청나라 건륭제의 사주가 있다. 오늘날은 도화살을 흉살로 보지 않고 오히려 길신으로 보는 경향이 있다는 것은 신살에서 이미 기술한 바 있다.
2) 사생격(四生格) : 지지전부가 寅申巳亥로 역마살局이라 한다. 건명은 대길하고 곤명은 고독하다고 하여 흉하게 보는 경향이 있다. 대표적으로 박정희 전 대통령의 사주가 있다. 오늘날은 역마살을 흉살로 보지 않고 오히려 길신으로 보는 경향이 있다는 것은 신살에서 이미 기술한 바 있다.
3) 사고격(四庫格) : 지지전부가 辰戌丑未로 화개살이라 한다. 건명은 대길하고 곤명은 과부살로 고독하다고 하여 흉하게 보는 경향이 있다. 대표적으로 김영삼 전 대통령과 명나라 건국시조 주원장의 사주가 이에 속한다. 오늘날은 달리 해석해야 한다.

(3) 삼기성상격(三氣成象格) 또는 삼신성상격(三神成象格)

일주를 비롯한 사주 전부가 3가지 오행만으로 이루어지되, 서로 상생관계인 경우 삼기성상격 또는 삼신성상격이라 하여 좋은 사주로 본다.

(4) 오행구족격(五行具足格)

木火土金水 오행이 빠짐없이 다 구비되어 있는 사주로 대길하다고 한다. 입태월(入胎月)을 포함하여 납음(納音)으로 오주(五柱)에 오행이 구비되어도 오행구족격으로 본다.

(5) 십간구족격(十干具足格)

연월일시 지장간을 포함해서 사주에 십간이 다 있으면 십간구족격이라 하여 오행구족격보다 더 길귀(吉貴)한 격으로 본다.

(6)천간순식격(天干順食格)

年干에서 月干으로, 月干에서 日干으로, 日干에서 時干으로 生해나가되, 양간은 양간끼리 음간은 음간끼리 生해 나가는 것을 천간순식격이라 한다. 일생 동안 재앙이 없이 순탄한 삶을 산다는 길격(吉格)이다.

(7) 양간부잡격(兩干不雜格)

사주의 天干이 甲乙甲乙, 丙丁丙丁, 戊己戊己 등으로 이루어진 경우 양간부잡격이라 한다. 사주의 구성이 기이함으로 吉格으로 보는 것이다.

(8) 천원일기격, 지진일기격(天元一氣格, 支辰一氣格)

천원일기란 천간이 모두 같은 천간인 경우이고 지진일기란 지지가 모두 같은 지지인 경우이다. 천원일기는 지지에서, 지진일기는 천간에서 각 순기세(順氣勢)하여야 귀격(貴格)이다. 천간지지의 순수한 기운을 거스르면 귀격이 못 된다.

(9) 괴강격(魁罡格) : 일주가 괴강살로 구성되고 身旺일 때 괴강격이다.

(10) 공격(拱格)과 공귀격(拱貴格), 공록격(拱祿格), 공재격(拱財格)

拱(두 손 맞잡을 拱)이란 어떤 간지와 다른 간지 사이에 무엇을 끼고 있는 것인데, 사주에 없는 정관(正官)과 천을귀인(天乙貴人)을 끼고 있으면 공귀격, 건록(建祿)을 끼고 있으면 공록격, 재고(財庫)를 끼고 있으면 공재격(협구격이라고도 한다)이라 한다.

(11) 일간록(日干祿)과 전록격(專祿格), 귀록격(歸祿格)

일간록(日干祿)이란 甲日의 寅, 乙日의 卯, 丙戊日의 巳, 丁己日의 午, 庚日의 申, 辛일의 酉, 壬日의 亥, 癸日의 子로서 건록(建祿)을 말한다. 이 건록을 월지에 놓으면 건록격(建祿格), 일지에 놓으면 전록격(專祿格), 시지에 놓으면 귀록격(歸祿格)이라 하는데, 건록을 沖하는 地支가 있으면 이들 格이 성립되지 않는다.

- 전록격(專祿格) : 일주가 甲寅, 乙卯, 庚申, 辛酉인 사주 4개뿐이다.
- 귀록격(歸祿格) : 타에는 건록이 없이 오로지 時支에만 건록이 있고 沖을 만나지 않아야 한다. 사주가 甲日 丙寅時, 乙日 己卯時, 丙日 癸巳時, 丁日 丙午時, 戊日 丁巳時, 己日 庚午時, 庚日 甲申時, 辛日 丁酉時, 壬日 辛亥時, 癸日 壬子·甲子時이면 각 귀록격이다.

(12) 세덕부살격(歲德扶殺格)과 세덕부재격(歲德扶財格)

身旺인 경우 年에만 七殺이 있으면 세덕부살이라 하고, 財가 있으면 세덕부재라고 하여 길격(吉格)으로 본다.

(13) 전재격(專財格)과 시마격(時馬格)

여기서 財는 정재와 편재를 모두 말한다. 時干에 정재가 있으면 전재격이라고 하고, 時支에 재성이 있으면 시마격이라고 한다. 馬는 재성의 별칭이다. 전재격과 시마격이 되려면 또한 身旺하여 재성을 用할 수 있어야 한다. 전재격과 시마격은 재관운을 기뻐하고 비겁운을 꺼린다.

(14) 비천록마격(飛天祿馬格) : 일주가 丙午, 丁巳, 庚子, 壬子, 辛亥, 癸亥인 사주를 말한다.

(15) 자요사격(子遙巳格) : 甲子 일주가 甲子時를 만나는 사주이다.

(16) 축요사격(丑遙巳格) : 일주가 辛丑, 癸丑이고 丑자가 많은 사주이다.

(17) 일귀격(日貴格), 일덕격(日德格), 일인격(日刃格)

일지자체만으로 吉格을 놓을 수 있는 것으로 일귀격, 일덕격, 일인격이 있다.

- 일귀격(日貴格) : 일귀(日貴)란 일지에 天乙貴人이라는 말인데 丁酉, 丁亥, 癸巳, 癸卯 등 4일만 해당한다. 刑, 沖, 破, 害를 꺼린다. 귀인은 日支에 있는 것이 좋고 공망 되어서는 안 되며 대운, 세운

에 괴강이 모이지 말아야 한다.

- 일덕격(日德格) : 무진일 경진일 갑인일 병진일 임술일 등이 일덕이다. 일지를 刑, 沖, 破, 害 하거나 재관이 旺하거나 공망을 만나면 일덕의 효력이 상실된다. 대운, 세운에 괴강을 만나는 것도 좋지 않다.
- 일인격(日刃格) : 일지에 양인(羊刃)을 놓은 것으로는 丙午, 戊午, 壬子의 3일뿐이다. 이 격을 놓고 일위(一位)의 칠살이 干에 투출되면 살인상정(殺刃相停)이라는 대귀격이 이루어진다. 일인격도 刑沖破害와 合을 만나면 破格이다.

이상 세 개의 격은 정격(내격)이 있으면 정격이 우선이고, 정격이 마땅치 않을 때만 吉格으로 작용한다.

(18) 살인상정(殺刃相停)

身强에 양인(羊刃)이 있는 것과 身弱에 칠살(七殺)이 만나는 것을 매우 꺼린다. 양인은 재를 극탈(剋奪)하고 사람을 傷하게 하는 무기가 되기 때문이고, 칠살은 일간을 剋하는 흉살이기 때문이다. 그러나 이 두 가지가 함께 있으면 양인과 칠살이 화(和)하여 권(權)이 되어서 도리어 대길격(大吉格)이 된다. 이를 살인상정이라고 한다.

(19) 간지동체격(干支同體格)

甲戌年 甲戌月 甲戌日 甲戌時에 태어난 사주처럼 연월일시가 동일하게 구성된 사주를 간지동체격이라 한다. 연월일시의 간지가 동일하게 이루어질 수 있는 경우는 甲戌, 乙酉, 丙申, 丁未, 戊午, 己巳,

庚辰, 辛卯, 壬寅, 癸亥 등 열가지다. 이 가운데 四甲戌과 四辛卯는 흉격으로 보고 나머지는 모두 길격으로 본다.

(20) 시묘격(時墓格)

辰戌丑未를 묘(墓) 또는 고(庫)라고 하는데 辰戌丑未時에 출생하고 그 辰戌丑未가 財, 官, 食傷에 해당하며 身旺하여 時墓를 用할 수 있을 때 시묘격이라 한다. 운에서 墓를 沖하면 발복하고 墓가 合을 만나면 작용력이 상실된다.

(21) 금신격(金神格)

巳酉丑은 삼합해서 金局을 이루므로 巳酉丑을 금신(金神)이라고 별칭하는데, 甲日生과 己日生이 巳時나 酉時나 丑時에 태어나면 금신격(金神格)이라 한다.

(22) 합록격(合祿格)

여기에서 祿은 건록이 아닌 정관성이다. 합록격이 이루어지려면 사주에 관살이 없어야 하고, 時干이 干合한 천간이 정관이 되거나 時支가 六合한 지지가 정관에 해당하여야 한다.

(23) 형합격(刑合格)

형합격이란 사주에 없는 정관을 형출(刑出)해 쓰는데 귀기(貴奇)한 사주로 취급한다. 그러므로 이 格을 놓으려면, 우선 관살이 없어야 하고, 시지가 형출(刑出)해 낸 지장간이 바로 일간의 정관에 해당되어야 한다.

(24) 정란차격(井欄叉格)

여기에서 井은 우물이오, 우물은 물이라 申子辰水局을 지칭한다. 정란차격을 이루려면 庚子日生이 申辰을 만나거나, 庚申日生이 子辰을 만나거나, 庚辰日生이 申子를 만나야 하며, 이 모든 경우 寅午戌이 없어야 한다. 이 격은 사주에서 귀기(貴奇)한 격으로 취급한다.

(25) 시상일위귀격(時上一位貴格)

時上偏官格이라고도 한다. 일간이 득령하여 身旺한 가운데 타에는 관살이 없고 오직 시간이나 시지에 편관 하나가 있는 사주이다. 칠살이 旺하는 운을 만나면 형관이나 무관으로 출세한다는 貴格이다.

(26) 을기서귀격(乙氣鼠貴格)

乙己日이 鼠(쥐, 子)가 貴하다(천을귀인)는 것인데 丙子時가 眞格이다. 사주내에 庚, 辛, 申, 酉 즉 관성이 있으면 福이 반감된다.

(27) 육을서귀격(六乙鼠貴格)

육을이란 乙日生을 말하고 서(鼠)는 쥐로 子를 말하는데, 乙木일주가 子로 인해 貴格이 된다고 하여 육을서귀격이라 한다.

(28) 육음조양격(六陰朝陽格)

여기서 六陰은 辛金을 陽은 子를 말한다. 辛日子時에 生하고 丙丁巳午 관성과 丑卯가 없으면 육음조양이란 貴格이 이루어진다고 한다.

(29) 육갑추건격(六甲趨乾格)

六甲이란 甲日生이요 乾은 戌亥로 여기에서는 亥를 지칭하는데, 甲일간에 亥가 많거나 亥時에 출생하고 寅巳가 없으면 육갑추건격이 성립한다.

(30) 육임추간격(六壬趨艮格)

壬日生이 寅이 많거나 寅時에 생하고 사주내에 申亥가 없으면 육임추간격이 성립된다.

(31) 현무당권격(玄武當權格)

현무는 북방의 水神이고 水는 임계라 壬癸日生이 權인 財官을 감당한다는 뜻이다. 이 격국은 성격이 온화하고 지혜가 있으며 예의 바르나, 용맹하지는 않다. 刑沖이 있거나 대운, 세운에서 刑沖을 만나면 불리하다.

(32) 구진득위격(句陣得位格)

구진은 중앙의 土神이요 土는 戊己라 戊己日生이 지지에 財나 官으로 全局 또는 全方을 이루면 구진득위격이 성립된다. 神旺이면 재나 관성이 用이고 太弱이며 종재나 종살하게 된다.

(33) 임기용배격(壬騎龍背格)

壬辰日生이 사주에 辰이 많으면, 壬水가 龍의 등에 올라탄 형상에 비유하여 임기용배격이라 한다. 壬辰日柱가 辰이 많고 戌이 없으며 貴格이다.

(34) 잡기재관격(雜氣財官格)

辰戌丑未는 天地의 不正之氣이며 雜氣라 한다. 辰戌丑未는 천지의 네 곳 牢獄에 비유되고, 收藏하는 네 곳 창고다. 雜氣財官印綬格이란 월지의 辰戌丑未가 財官印을 간직하고 있음을 말한다.

(35) 일덕수기격(日德秀氣格)

천간에 세 개의 乙字가 있고 지지에 巳酉丑이 모두 있으며, 일주가 丙子, 壬子, 辛酉, 丁酉이면 秀氣가 되니 일덕수기격이라 한다. 沖剋을 꺼린다.

(36) 복덕격(福德格)

己丑日에 巳酉丑이 모두 있으면 복덕격이라 한다. 火運과 官運을 꺼리고 沖破를 꺼린다.

38. 용어(用語)정리

(1) 통관용신(通關用神)

사주 판도가 서로 상극관계를 이루는 두 가지 오행의 세력이 차지한 경우, 이 두 오행의 사이에서 상극관계를 완화 또는 무력화시키는 오행을 통관용신이라 한다. 예를 들어 木과 土(木剋土), 土와 水(土剋水), 水와 火(水剋火), 火와 金(火剋金), 金과 木(金剋木)으로 두 가지만 왕성한 사주의 경우, 木과 土 사이에 火, 土와 水 사이에 金, 水와

火 사이에 木, 火와 金 사이에 土, 金과 木 사이에 水가 중간에 끼어 있으면 상극관계가 완화 또는 무력화되며, 이 때 중간에서 상극관계를 완화 또는 무력화시키는 火, 金, 木, 土, 水가 통관용신이다.

木剋土의 경우 중간에 火가 끼어 있으면 木은 火를 生하느라 木을 剋하지 아니하고 土의 입장에서는 火의 힘을 빌려 木의 剋을 받지 않으니, 서로 싸움 없이 원만하게 지낼 수 있다. 이와 마찬가지로 다른 경우도 서로 평화롭게 지낼 수 있는 것이다.

(2) 병신(病神)과 약신(藥神)

병신이란 사주를 吉格으로 구성하는 데 방해를 하는 오행 또는 쓸데없이 과도하게 太旺된 오행 또는 용신을 剋하는 오행을 말한다. 이 병신을 剋하는 오행을 약신이라고 한다. 사주학에서는 병이 전혀 없는 사주보다 도리어 병이 있고 약도 있는 사주를 吉格으로 보다.

(3) 진상관(眞傷官), 가상관(假傷官)

월지의 정기(正氣)가 식신 및 상관에 해당하면 진상관이라 하고, 월지에 상관이 없고 다른 곳에 있는 식상으로 일간의 太旺한 기운을 빼내기 위한 용신으로 삼으면 가상관이라 한다.

월지에 식상이 없더라도 다른 조건에 의해 식상이 太旺하면 진상관이 되고, 월지의 정기가 식상에 해당하여 진상관이 되었다고 하더라도 인수가 旺하거나 다른 조건에 의해 미약해지면 '진상관이 가상관으로 변했다.'라고 한다.

(4) 종세(從勢)

비겁, 인성(인수), 식상, 재성, 관살을 막론하고 어느 한 가지의 세력이 지극히 왕성하여 도저히 저항이 불가능하면 그 지극히 강성한 세력에 복종하게 되므로, 종격은 모두 종세라 할 수 있다.

그러나 인성(인수)에 종하는 종인(從印)과 비겁에 종하는 곡직격 등 종강(從强)은 일간(日干) 자신에게 從하므로 종세로 하지 않고, 식상·재성·관살의 세력에 從하는 것에 한해서 종세라 한다.

또 종세 중에서 식상을 제외한 종재, 종살격은 기명(棄命)이란 이름을 앞에 붙여 기명종재(棄命從財)나 기명종살(棄命從殺)이라고도 한다. 인수나 비겁이 있더라도 그 생부(生扶)가 탐탁치 못하여, 인수나 비겁을 버리고 재성이나 관살에 從해 버린다는 뜻이다.

식상은 내가 生하는 오행이므로 종재나 종살하는 것보다 즐거운 마음으로 從하게 된다는 의미에서, 식상에 從하는 것에 기명이라는 이름을 붙이지 않는 것이다.

(5) 가종(假從)

일간이 심히 미약한 상태에서 미련없이 財나 官에 從할 수 있으면 진종이고, 인성·비겁 때문에(미약하나마 從用神을 剋하는 인성·비겁이 있을 때) 從할까 말까 망설이다가 從하게 되는 것을 가종이라고 한다.

종재 종살에 있어서 진종격(眞從格)이면 대운에서 인수·비겁운을 만나도 크게 나쁘지는 않으나, 가종격(假從格)에 인수·비겁운을 만나면 종격이 파괴되어 흉(凶)하게 된다.

(6) 가화(假化)

일간과 干合해서 化한 오행의 세력이 太旺하여 이에 從하는 것을 화격(化格) 또는 종화(從化)라 한다.

그런데 化한 오행 즉 화신(化神)의 세력이 태강하여 化神에 從하되 格이 순수하지 못한 경우가 있는데, 이를 가화(假化)라 한다.

化格이 순수하려면, 쟁합(爭合) 또는 투합(鬪合)과 화신을 剋하는 오행이 없어야 한다. 다시 말해 化格이 분명한 사주에 쟁합(또는 투합)이 있거나, 化神을 剋하는 오행이 미미하나마 사주에 있으면 가화가 되는 것이다.

(7) 독상(獨象)

일행득기격(一行得氣格) 또는 전왕격(專旺格)이라고도 한다. 독상은 사주 오행의 氣가 모두 일간오행에 집중되어 雜없이 순수하게 이루어진 경우를 말한다.

종강격(從强格)에 속한다고 할 수 있지만, 그 구성에 있어서 다소 차이가 있다. 종강격은 식·재·관이 있어도 일간이 太强하여 식·재·관으로 억제하지 못 할 때 놓게 되나, 독상(獨象)은 비겁으로만 되어 있거나 인수(인성)·비겁 두 가지로만 되어 있어야 한다.

(8) 탐재괴인(貪財壞印)

사주가 신약하면 인수(인성)나 비겁을 용신으로 삼아야 하는데, 사주에 비겁이 없고 인수만 있을 때에는 인수가 용신이다. 이 경우 財가 旺하면 旺한 財는 용신인 인수를 剋하여 좋지 않다.

이처럼 인수가 용신임에도 불구하고 旺한 財에 마음이 이끌려 財를 탐(貪)하다가 용신인 인수를 파괴시키는 것을 탐재괴인(貪財壞印)이라고 한다.

인수용신에 비겁운을 만나면 병신(病神)인 재성을 剋하여 발복하지만, 재운을 만나면 탐재괴인이 되어 매우 좋지 않다.

인수는 명예요 인격이고, 財는 재물이요 남자의 경우는 여자이므로, 공직자가 뇌물을 먹다가(財를 貪하다가) 파직당하거나 남자가 여색(女色)을 밝히다가(財를 貪하다가) 망신당하거나 재산을 탕진하는 등의 일은 모두 탐재괴인의 사례라 할 수 있다.

(9) 군비쟁재(群比爭財)

비견·겁재가 무리로 있으니 군비(群比, 무리 群)요, 재물을 놓고 다투니 쟁재(爭財)라. 사주에 비겁이 많고 재성이 미약하거나 하나뿐이면, 財를 놓고 비겁이 서로 취하려고 다투게 되는데 이를 군비쟁재(群比爭財)라고 한다.

비겁은 일간과 오행이 같으므로 사주가 *身弱*할 때는 서로 돕게 되지만 *身弱* 이외에는 라이벌(경쟁자)이 되어 쟁탈전이 벌어지는데, 특히 財는 유혹적인 물건이라 사주에 비겁이 많고 財가 미약하면 일간인 나와 비겁은 그 財를 놓고 서로 먼저 가지려고 치열한 싸움을 하게 된다.

따라서 군비쟁재가 되면 일생 경쟁자가 많고 쟁투도 많다. 비겁에 財를 빼앗겨 재산도 곤궁하고, 남자의 경우 사귀던 여자도 빼앗겨 혼인도 어렵다고 한다.

(10) 유정·무정(有情·無情)

일간과 용신의 위치로 유정·무정을 구분한다. 용신이 일간과 가까이 있으면 유정(有情)이라 하고 멀리 떨어져 있으면 무정(無情)이라 한다.

용신이 일간과 멀리 떨어져 있어도 가까이 있는 오행이 멀리 떨어져 있는 용신을 합해서 옆으로 데려오면 유정이 되고, 반대로 용신이 일간과 가깝더라도 멀리 떨어져 있는 오행이 합해서 데려가면 무정이 된다. 또 사주에서 한신(閑神)이 다른 오행과 합해서 희신(喜神)으로 변하면 유정한 사주, 기신(忌神)으로 변하면 무정한 사주라고도 한다.

한편 자평진전에서는 유정 · 무정에 대해서 천간끼리의 관계 또는 천간과 지지와의 관계에 있어서 거스르지 않고 서로 이루어주는 것을 유정이라 하고, 거슬려서 서로 배반하는 것을 무정이라고 기술하고 있다.

(11) 탐생망극(貪生忘剋), 탐합망극(貪合忘剋)

오행이 生할 자와 剋할 자 두 가지가 함께 있을 때, 生해 주는데 먼저 마음이 끌려 剋할 마음을 잊게 된다고 해서 탐생망극(貪生忘剋)이라 한다.

탐합망극(貪合忘剋)이란 사주내에 合할자와 剋할 자 두 가지가 함께 있을 때, 合에 먼저 마음이 끌려 剋할 마음을 잊게 된다는 뜻이다. 여기에서 합(合)이란 干合과 支合이 모두 포함되는데 合을 만나면 支보다 干이 合하려는 마음이 더 간절하다.

(12) 제살태과(制殺太過)

일간이 太旺하면 관살(칠살)은 그 太旺함을 억제하므로 살이 아닌 희신의 작용을 한다. 身弱에 살이 왕하면 당연히 식상으로 제살(制殺)함이 좋다.

그러나 살이라 해도 미약하게 있어 官으로 작용할 경우, 식상이 旺하면 殺을 송두리째 없애버리는 결과가 생기게 되는데 이를 제살태과(制殺太過)라고 한다.

身旺에 관살(칠살)로 用하는 사주에 식상이 있고 또 운(運)에서 식상을 만나면 이 역시 제살태과가 되어 좋지 않다.

(13) 파료상관(破了傷官)

일간이 太旺하면 관살로 일간을 剋해야 한다. 그러나 관살이 없고 상관이 있으면, 상관으로 팽창된 일간의 기운을 뽑아내야 한다. 이 경우 인수는 상관을 剋함으로 병신(病神)이 되는데, 대운 세운에서 이 인수를 만나면 크게 좋지 않다. 이렇게 병신인 인수運을 만나는 것을 파료상관(破了傷官)이라고 한다.

(14) 거류서배(去留舒配)

사주에 정관이건 편관이건 그중 하나만으로 이루어져 있어야지 두 개가 섞여 있으면 관살혼잡(官殺混雜)이라 하여 좋지 않게 본다. 그러나 관살혼잡이 되어도 하나만 남고, 나머지는 타의 剋을 받아 제거되거나 타와 合해 버리면 도리어 좋아진다. 다음의 네 가지 경우가 있다.

- 거관유살(去官留殺)
  정관 칠살이 혼잡된 경우에 정관은 제거되고, 칠살만 온전히 남은 것으로 이렇게 되면 관살혼잡이 아니다.
- 거살유관(去殺留官)
  정관 칠살이 혼잡된 경우에 칠살은 제거되고, 정관만 온전히 남은 것으로 이렇게 되면 관살혼잡이 아니다.
- 합살유관(合殺留官)
  관살혼잡에 칠살은 타와 合이 되고 정관만 남으면 관살혼잡이 아니다.

- 합관유살(合官留殺)

관살혼잡에 정관은 타와 合이 되고 칠살만 남으면 관살혼잡이 아니다.

(15) 원류(源流)

오행의 근원이 일간으로부터 가장 먼 곳에서 가까이 이르기까지 生하는 관계로 이어지는 것을 원류(源流) 또는 원원유장(源遠流長)이라 한다. 먼 조상의 유덕(遺德)이 내게까지 미쳐 조상 덕에 잘 살게 된다는 뜻이다.

(16) 기반(羈絆)

용신, 희신이 타와 合을 이루어 근본 오행의 작용이 상실된 것을 기반이라 한다. 용신이 기반 되는 것을 매우 꺼리고, 기신이 기반 되면 도리어 좋다.

(17) 신취팔법(神聚八法)

1) 속상(屬象)

사주 간지의 氣가 모두 일간으로 모이되, 일간과 같은 오행으로 삼합전국(三合全局)을 이루어 전왕격이 된다. 인수·비겁이 있어 일간이 지극히 旺한 가운데 관살이 없어야 한다.

2) 유상(類象)

사주 간지의 기가 모두 일간으로 모이되 일간과 같은 오행으로 方合(全方)을 이루어 전왕격이 된다. 인수·비겁이 있어 일간이 지극히 旺한 가운데 관살이 없어야 한다.

3) 종상(從象)

일간이 太弱하여 식·재·관에 從하는 사주를 말한다.

4) 화상(化象)

화격(化格)을 말한다.

5) 조상(照象)

일간과 같은 오행으로 方合(全方)을 이루고 時支에 인수를 만나거나, 方合(全方)을 이루고 年干에 인수를 만난 경우를 말한다. 전왕격으로서 매우 좋은 吉格으로 본다.

6) 반상(返象)

용신이 旺한 오행의 剋을 받거나 용신을 剋하는 運을 만난 경우로서, 매우 불길한 명(命)으로 본다.

7) 귀상(鬼象)

사주에 관살로 方이나 局을 이루어 관살 太旺한 가운에 일간이 미약하여 살(殺)에 종(從)하는 종살격을 말한다. 관살은 일간을 剋하기에 귀(鬼)에 비유한 것이다.

8) 복상(伏象)

일간이 太弱한 가운데 사주에 재성으로 方合을 이루거나 財가 많아 독점하고 있으면 財에 종하는 경우이다.

(18) 부성입묘(夫星入墓)

부성(夫星)이란 女命에 관살을 말하고, 입묘(入墓)란 관살이 그의 묘고(墓庫)를 만났다는 뜻이다. 따라서 사주가 부성입묘인 여자는 남편이 죽거나 감옥에 갇혀 부자유한 몸이 되는 등 남편의 덕을 입지 못하다는 뜻이다.

(19) 등라계갑(藤蘿繫甲)

乙木日干이 身弱하여 뿌리가 튼튼한 甲木 겁재로 用하는 것을 말한다. 乙木은 유목(柔木)으로 등넝쿨에 비유하여, 등넝쿨 옆에 있는 큰 나무를 타고 오르는 형상이라 하여 등라계갑(藤蘿繫甲)이라 한다.

(20) 벽갑인화(劈甲引火)

丁火日干이 寅月에 출생하여 身弱하면 寅中甲木 인수를 用해야 한다. 그러나 丁火는 난로안에 있는 불로, 甲木은 굵은 통나무로 비유할 때, 丁火불이 잘 타게 하려면 도끼로 통나무를 쪼개 주어야 한다.

이 경우 庚金이 도끼에 비유되어 庚金을 用하면 도리어 丁火가 甲木의 生을 잘 받게 된다는 것이다. 따라서 丁火日干이 귀성(貴星)인 甲木과 庚金을 거느리면 부격(貴格)사주로 보기도 한다.

2부

입문 2

1. 대운(大運)과 세운(歲運)

세운(歲運) 또는 년운(年運)은 보통 신수(身數)라고 하여 한 해의 운을 보는 것이다. 세운도 대운 보는 법과 마찬가지이나, 대운은 10년간의 운이고 세운은 1년간의 운이라는 점에서 차이가 있다. 일반적으로 대운의 경우 천간과 지지를 5년씩 나누어 본다. 10년 대운 중에서 전반 5년의 운은 천간을 중시하고 후반 5년의 운은 지지를 중시한다. 그러나 대운의 전체적 기운을 좌우하는 것은 지지라고 본다.

대운, 세운은 모두 천간과 지지의 희신, 기신 여부가 다르니, 이를 종합적으로 판단하여야 한다.

- 대운이 희신이고 년운도 희신이면 가장 좋은 운이다.
- 대운이 기신이고 년운도 기신이면 가장 나쁜 운이다.
- 대운이 희신이고 년운이 기신이면 길한 흐름 중에 흉한 해가 되는 것이다.
- 대운이 기신이고 년운이 희신이면 흉한 흐름 중에 길한 해가 되는 것이다.
- 천간지지가 모두 희신이면 순수한 희신운으로 대길(大吉)하다.
- 천간지지가 모두 기신이면 순수한 기신운으로 대흉(大凶)하다.
- 천간지지에 희신, 기신이 함께 있을 경우에는 여덟 가지 경우의 수가 나온다.
  - ▹ 지지 기신이 천간 희신을 生할 경우, 희신이 힘을 얻으니 小吉. (길 70%, 흉 30%)
  - ▹ 천간 희신이 지지 기신을 生할 경우, 기신이 힘을 얻으니 小凶.

(길 30%, 흉 70%)

- 지지 기신이 천간 희신을 剋할 경우, 희신이 극을 당하니 凶.
  (길 20%, 흉80% 이것을 절각(截脚)이라 한다.)
- 천간 희신이 지지 기신을 剋할 경우, 기신이 힘이 약화되니 小吉.
  (길 70%, 흉 30%)
- 지지 희신이 천간 기신을 生할 경우, 기신이 힘을 얻으니 吉凶상반.
  (길 40%, 흉 60%)
- 천간 기신이 지지 희신을 生할 경우, 희신이 힘을 얻으니 小吉.
  (길 70%, 흉 30%)
- 지지 희신이 천간 기신을 剋할 경우, 천간 기신이 약화되니 小吉.
  (길 70%, 흉 30%)
- 천간 기신이 지지 희신을 剋할 경우, 희신의 힘이 약화되니 吉凶상반.
  (길 50%, 흉 50% 이것을 개두(蓋頭)라고 한다.)

운로에서 천간은 순수하나 지지는 여러 가지 기운이 섞여 있으니, 이의 길흉(吉凶)도 참작해야 한다. 지장간이 천간에 투출하면, 희신이건 기신이건 천간의 기운이 강화되는 것으로 본다.

2. 오행의 왕쇠(旺衰)

오행의 기력이 강한 것을 왕(旺)이라 하고, 미약한 것을 쇠(衰)라고 한다.

포태법(12운성법)을 활용하여 천간의 강약흐름을 알 수 있다. 주로 양간(陽干)에 해당한다.

입문 1부에서 이미 학습한 내용을 기억해 보자.

나와 같은 오행은 왕(旺)이다.

나를 生해주면 상(相)이다.

내가 생해주면 휴(休)이다.

내가 극하면 수(囚)이다.

나를 극하면 사(死)이다.

(1) 木의 왕쇠(旺衰)

1) 춘왕(春旺)

- 寅月(입춘~우수) : 木이 춥고 연약해서 火가 필요하다.
- 寅卯辰月(우수~곡우) : 木이 왕성하다. 地支木局이고 木이 투출했으면 金을 쓰지 않는다.
- 辰月(곡우~입하) : 土가 약간 강하고 木은 약해지기 시작한다.

2) 하휴(夏休)

- 巳月(입하~소만) : 火土가 강하고 木은 설기되어 쇠약하다.
- 巳午未月(소만~대서) : 火土가 강하다. 木은 설기됨이 지나치니, 조후상 水가 필요하다
- 未月(대서~입추) : 土가 강하다. 木은 더욱 쇠약해진다.

3) 추사(秋死)

- 申月(입추~처서) : 木은 絶地로 쇠약하다.
- 申酉戌月(처서~상강) : 木은 絶地가 되니 剋을 심하게 받는다.
- 戌月(상강~입동) : 土가 강하다. 木은 약하긴 하나, 養地이므로 힘을 받기 시작한다.

4) 동상(冬相)

- 亥月(입동~소설) : 木은 長生地로 크게 힘을 받는다.

- 亥子丑月(소설~대한) : 水가 강하다. 木은 조후상 火가 필요하다.
- 丑月(대한~입춘) : 木은 조후상 火가 필요하다.

(2) 火의 왕쇠(旺衰)

1) 춘상(春相)

- 寅月(입춘~우수) : 火는 長生地로 힘을 크게 받는다.
- 寅卯辰月(우수~곡우) : 火는 木의 生을 받아 왕성하다.
- 辰月(곡우~입하) : 土가 약간 강하나 火도 절기상 약하지 않다.

2) 하왕(夏旺)

- 巳月(입하~소만) : 火土가 모두 강하다. 금이 투출했다면 金의 長生地로 힘이 있다.
- 巳午未月(소만~대서) : 火土가 태왕하다. 조후상 水金이 필요하다.
- 未月(대서~입추) : 土가 강하고 화는 쇠약해지기 시작한다. 조후상 水金이 필요하다.

3) 추수(秋囚)

- 申酉戌月(처서~상강) : 火는 병사지(病死地)가 되니 쇠약하다.
- 戌月(상강~입동) : 戌土가 화고(火庫)로서 土가 힘을 받는다.

4) 동사(冬死)

- 亥月(입동~소설) : 火가 절지(絶地)이나, 亥中甲木이 있어 절처봉생(絶處逢生)이 된다.
- 亥子丑月(소설~대한) : 火가 절지(絶地)로 剋을 받는다.
- 丑月(대한~입춘) : 火가 양지(養地)로 힘을 받기 시작한다.

(3) 土의 왕쇠(旺衰)

1) 춘사상(春死相)

- 寅月(입춘~우수) : 土는 木의 剋을 받으나, 寅中丙火로 절처봉생(絶處逢生)이 된다.
- 寅卯辰月(우수~곡우) : 木이 왕성하니 土는 剋을 심하게 받는다.
- 辰月(곡우~입하) : 土가 약간 강하나, 木의 剋도 받는다.

2) 하상왕(夏相旺)

- 巳月(입하~소만) : 土가 강하나. 金이 투출했다면 금에 설기(泄氣)당해 좀 약화된다.
- 巳午未月(소만~대서) : 火多土焦이니 土가 말라서 생기가 없다. 水, 濕土가 필요하다.
- 未月(대서~입추) : 土가 강하다. 木의 제압이 필요하다.

3) 추휴(秋休)

- 申酉戌月(처서~상강) : 土는 炳死地로 泄氣가 되어 쇠약해진다.
- 戌月(상강~입동) : 土가 약간 강하다. 火가 투출하면 더 강해진다.

4) 동수(冬囚)

- 亥月(입동~소설) : 水가 강하고 亥中甲木이 있어 土가 剋을 받는다.
- 亥子丑月(소설~대한) : 土가 絶地로 쇠약해진다.
- 丑月(대한~입춘) : 土가 힘이 있다.

(4) 金의 왕쇠(旺衰)

1) 춘수(春囚)

- 寅月(입춘~우수) : 金이 絶地로 쇠약하다.
- 寅卯辰月(우수~곡우) : 金이 絶地로 쇠약하다.
- 辰月(곡우~입하) : 金이 養地로 濕土의 生을 받는다.

2) 하사상(夏死相)

- 巳月(입하~소만) : 火土가 강하나. 金도 長生地로 힘이 있다.
- 巳午未月(소만~대서) : 火土가 태왕하다. 金은 剋을 받아 쇠약하다.
- 未月(대서~입추) : 土가 강하다. 지나치게 더우니 水가 필요하다.

3) 추왕(秋旺)

- 申酉戌月(처서~상강) : 金이 왕성하다.
- 戌月(상강~입동) : 火土가 강하고 金은 쇠약해지기 시작한다.

4) 동휴(冬休)

- 亥月(입동~소설) : 金은 설기(泄氣)가 되어 쇠약하다.
- 亥子丑月(소설~대한) : 金은 쇠약하고 얼어붙었으니 火가 필요하다.
- 丑月(대한~입춘) : 金庫가 있어 뿌리가 되니 힘은 있다.

(5) 水의 왕쇠(旺衰)

1) 춘휴(春休)

- 寅月(입춘~우수) : 水는 설기되어 약하다. 조후상 火가 필요하다.
- 寅卯辰月(우수~곡우) : 木이 왕성하니 水는 쇠약하다 (子旺母衰).
- 辰月(곡우~입하) : 辰土中 水庫로 뿌리가 되어 힘이 있다.

2) 하수사(夏囚死)

- 巳月(입하~소만) : 水가 絶地로 쇠약하다. 土가 투출하면 水가 剋을 받는다. 이때 金이 투출하면 좋다.
- 巳午未月(소만~대서) : 水가 絶地로 쇠약하다. 土가 투출하면 水가 剋을 받는다.
- 未月(대서~입추) : 土가 강하다. 水는 쇠약하고 剋을 받는다.

木이 투출하여 土를 제압하면 水가 살아난다.

3) 추상(秋相)

- 申酉戌月(처서~상강) : 水는 長生地로 힘을 받는다.
- 戌月(상강~입동) : 土가 강하다. 그러나 겨울철로 넘어가는 시기이니 水도 힘이 있다.

4) 동왕(冬旺)

- 亥月(입동~소설) : 水가 힘이 있으나 亥中甲木이 있어 木이 투출했다면 설기되어 좀 약해진다. 조후상 火가 필요하다.
- 亥子丑月(소설~대한) : 水가 왕성하다. 조후상 火가 필요하다.
- 丑月(대한~입춘) : 木火가 점차 힘을 얻으니 水가 쇠약해진다.

3. 寅巳申亥月과 五行의 왕쇠(旺衰)

인사신해월(寅巳申亥月)은 五行의 왕쇠(旺衰)를 판단할 때 특히 주의해야 할 점이 있다. 포태법은 주로 양간(陽干)에 해당함을 기억하자.

(1) 寅月(1월)의 土

土는 寅에서 木의 剋을 받는데 寅中丙火, 간토(艮土)가 있어 長生地도 된다. 戊寅에 丙丁火가 천간에 투출하면 이를 살인상생(殺印相生)이라 한다. 寅木이 火를 生하느라 土를 剋하지 못하게 된다.

(2) 巳月(4월)의 火와 金

巳는 丙火, 戊土의 건록지이다. 그런데 金은 巳에서 장생이 된다. 만약 지지에 酉, 丑이 있다면 金局을 형성하니 巳火가 火를 돕기보다는 金쪽으로 從한다. 만약 천간에 金이 투출했다면 확실하게 巳火는 金을 돕는 것이다.

그러나 지지에 酉, 丑이 없고 천간에 火土가 투출하고 金은 투출하지 않았다면 巳火는 火를 돕는 것이다.

(3) 申月(7월)의 水와 土

처서(處暑)가 지나기 전에는 土가 水보다 강하고, 처서가 지난 후에는 水가 土보다 힘이 강하다. 처서가 지난 후에는 土는 설기되어 약화되고 水가 힘을 얻기 때문이다.

(4) 亥月(10월)의 木火

木은 亥에서 長生이 된다. 火는 亥에서 絶地가 된다. 그런데 丙火가 亥時에서 귀격사주가 많다고 한다. 그것은 절처봉생(絶處逢生)의 이치에서 그런 것이다. 亥中甲木이 있으니 만약 천간에 木火가 투출하면 살인상생(殺印相生)이 되는 것이다.

4. 육십갑자(六十甲子) 납음오행표(納音五行表)와 해설

납음오행(納音五行)은 육십갑자(六十甲子)에 따른 오행으로 년주(年柱)를 기준으로 정하며, 명주(命主, 사주의 주인공)의 성격과 운

(運) 등을 나타내 보인다. 그러나 오늘날 명리사주학(命理四柱學)에서는 그다지 중요하게 다루지 않는다.

육십갑자 납음오행표(육십갑자 납음오행표) : 생년기준

<table>
<tr><td rowspan="2">1</td><td>甲子</td><td>乙丑</td><td>丙寅</td><td>丁卯</td><td>戊辰</td><td>己巳</td><td>庚午</td><td>辛未</td><td>壬申</td><td>癸酉</td></tr>
<tr><td colspan="2">해중금(海中金)</td><td colspan="2">노중화(爐中火)</td><td colspan="2">대림목(大林木)</td><td colspan="2">노방토(路傲土)</td><td colspan="2">검봉금(劒鋒金)</td></tr>
<tr><td rowspan="2">2</td><td>甲戌</td><td>乙亥</td><td>丙子</td><td>丁丑</td><td>戊寅</td><td>己卯</td><td>庚辰</td><td>辛巳</td><td>壬午</td><td>癸未</td></tr>
<tr><td colspan="2">산두화(山頭火)</td><td colspan="2">간하수(澗下水)</td><td colspan="2">성두토(城頭土)</td><td colspan="2">백랍금(白鑞金)</td><td colspan="2">양류목(楊柳木)</td></tr>
<tr><td rowspan="2">3</td><td>甲申</td><td>乙酉</td><td>丙戌</td><td>丁亥</td><td>戊子</td><td>己丑</td><td>庚寅</td><td>辛卯</td><td>壬辰</td><td>癸巳</td></tr>
<tr><td colspan="2">천중수(泉中水)</td><td colspan="2">옥상토(屋上土)</td><td colspan="2">벽력화(霹靂火)</td><td colspan="2">송백목(松柏木)</td><td colspan="2">장류수(長流水)</td></tr>
<tr><td rowspan="2">4</td><td>甲午</td><td>乙未</td><td>丙申</td><td>丁酉</td><td>戊戌</td><td>己亥</td><td>庚子</td><td>辛丑</td><td>壬寅</td><td>癸卯</td></tr>
<tr><td colspan="2">사중금(沙中金)</td><td colspan="2">산하화(山下火)</td><td colspan="2">평지목(平地木)</td><td colspan="2">벽상토(壁上土)</td><td colspan="2">금박금(金箔金)</td></tr>
<tr><td rowspan="2">5</td><td>甲辰</td><td>乙巳</td><td>丙午</td><td>丁未</td><td>戊申</td><td>己酉</td><td>庚戌</td><td>辛亥</td><td>壬子</td><td>癸丑</td></tr>
<tr><td colspan="2">복등화(覆燈火)</td><td colspan="2">천하수(天河水)</td><td colspan="2">대역토(大驛土)</td><td colspan="2">차천금(鎈釧金)</td><td colspan="2">상자목(桑柘木)</td></tr>
<tr><td rowspan="2">6</td><td>甲寅</td><td>乙卯</td><td>丙辰</td><td>丁巳</td><td>戊午</td><td>己未</td><td>庚申</td><td>辛酉</td><td>壬戌</td><td>癸亥</td></tr>
<tr><td colspan="2">대계수(大溪水)</td><td colspan="2">사중토(沙中土)</td><td colspan="2">천상화(天上火)</td><td colspan="2">석류목(石榴木)</td><td colspan="2">대해수(大海水)</td></tr>
</table>

➢ 도표해설

1. 해중금(海中金) : (甲子, 乙丑) 바다에 흩어진 금의 기운이다. 삶이 거치나 강한 생명력이 있다. 혼자서는 아무런 작용을 못 하고 다른 오행을 만날 때 길흉의 작용을 한다.

2. 노중화(爐中火) : (丙寅, 丁卯) 화로 가운데 불의 기운이다. ('화로 노') 뜨겁고 훈훈한 화롯불이다. 가슴이 뜨겁고 정력이 강하다.

3. 대림목(大林木) : (戊辰, 己巳) 울창한 숲을 이룬 木의 기운이다. 대부분 복이 후하고 권력과 귀를 누린다. 반드시 土가 있어야 좋다. 보스기질이 강하다.

4. 노방토(路傚土) : (庚午, 辛未) 넓은 들판에 이리저리 나뒹구는 흙의 기운이다. ('길 노, 본뜰 방') 동서남북으로 발길 닿지 않는 곳이 없이 바쁘고 고된 삶이다. 너무 강한 흙이라 木을 필요로 한다.

5. 검봉금(劍鋒金) : (壬申, 癸酉) 칼날의 끝처럼 날카로운 기세를 지닌 금의 기운이다. ('칼 검, 칼끝 봉') 결단력과 리더쉽 있다. 섬세하고 정확하다. 癸丑을 보면 최고로 吉하다. 水를 생하지 않고는 조화를 이룰 수 없다.

6. 산두화(山頭火) : (甲戌, 乙亥) 산꼭대기에 타오르는 불의 기운이다. ('머리 두') 앞장서서 사람들을 올바른 길로 인도하고 가르친다.

7. 간하수(澗下水) : (丙子, 丁丑) 산골짝이나 돌 틈 사이에 졸졸 흐르는 물(청정수)의 기운이다. ('계곡의 시내 간') 얍체처럼 요리조리 빠져나가는 약간 약은 사람이다

8. 성두토(城頭土) : (戊寅, 己卯) 큰 성의 성주이다. ('머리 두') 주변의 모든 사람을 잘 챙긴다.

9. 백랍금(白蠟金) : (庚辰, 辛巳) 납같이 하얀 쇠이다. 아직 단단하지 않은 금이다. 서서히 변화의 조짐이 생긴다는 의미이다. (랍(蠟)은 밀 랍, 밀은 꿀벌의 집을 끓여서 짜낸 기름이다).

10. 양류목(楊柳木) : (壬午, 癸未) 강가에 작은 바람에도 하늘거리는 버드나무 木기운이다. ('버들 양, 버들 류') 강한 생명력과 부드러움을 지니고 있다.

11. 천중수(泉中水) : 맑은 샘 가운데에 맑은 물의 기운이다. 마음과
(甲申, 乙酉) 정신이 맑다. 애정이 넘쳐흐르고 재물도 같이
솟아난다.

12. 옥상토(屋上土) : 옥상 즉 지붕위의 흙(지붕 기와)의 기운이다. 하늘
(丙戌, 丁亥) 높은 줄 모르고 실속 없이 큰소리친다.

13. 벽력화(霹靂火) : 하늘에서 내리치는 벼락과 같은 불의 기운이다.
(戊子, 己丑) ('벼락 벽, 벼락 력') 번갯불에 콩 튀기듯 성격이
급하다.

14. 송백목(松柏木) : 산위에 홀로 우뚝 서있는 나무의 기운이다.
(庚寅, 辛卯) ('소나무 송, 나무이름 백') 독야청청 선비기질이다.
대쪽성격으로 고집이 세고 외롭다.

15. 장류수(長流水) : 넓은 대지를 가로지르며 흐르는 물의 기운이다.
(壬辰, 癸巳) ('길 장, 흐를 류') 삶을 윤택하고 풍요롭게 하는
젖줄이다.

16. 사중금(沙中金) : 모래 가운데 섞인 금의 기운이다. 쓰임을 잃은
(甲午, 乙未) 금이지만 물로 세척하면 보물이 된다.

17. 산하화(山下火) : 산기슭에서 타오르는 불이다. 쇠를 녹이는 뜨거운
(丙申, 丁酉) 용광로 불길이다. 산하화가 가을에 생하면 벼슬에
오른다.

18. 평지목(平地木) : 넓은 들판에 홀로 서있는 나무(정자나무) 기운이다.
(戊戌, 己亥) 말과 행동이 사리에 맞고 조리가 분명하다.

19. 벽상토(壁上土) : 방이 두꺼운 벽으로 둘러싸인 흙의 기운이다.
(庚子, 辛丑) ('벽. 울타리. 벽 벽') 융통성이 전혀 없어 주변
사람들이 답답해 한다.

20. 금박금(金箔金) : 사금에다 다시 덧칠한 금의 기운이다. ('금속의
(壬寅, 癸卯) 얇은 조각. 발 박') 외모가 멋있고 예쁘고 사람됨이

똑똑하고 뛰어나다. 귀한 사주를 가지고 태어났다. 자기중심적이고 고집이 있다.

21. 복등화(覆燈火) : 엎어진 등불과 같은 불의 기운이고 금잔에 담겨진
(甲辰, 乙巳) 등화이다. ('뒤집힐 복')

22. 천하수(天河水) : 하늘 아래 모든 물의 기운이다. 활달하고 명랑하고
(丙午, 丁未) 친화력이 있다.

23. 대역토(大驛土) : 넓은 땅에 모든 이가 쉴 수 있는 역관을 받치고
(戊申, 己酉) 있는 흙의 기운이다. 누구나 공평하게 끌어안는 넉넉하고 풍요로운 사람이다.

24. 차천금(鎈釧金) : 황금빛을 띠는 모든 장신구이다. ('금빛 차, 팔찌 천')
(庚戌, 辛亥) 아름다운 비취, 보석이다. 식복은 타고 났으나 자기 앞가림에는 소홀하다.

25. 상자목(桑柘木) : 산뽕나무와 같은 木기운이다.('뽕나무 상, 산뽕나무
(壬子, 癸丑) 자') 고집이 세고 상대 속을 뒤집어 놓는다.

26. 대계수(大溪水) : 산과 큰 계곡에서 흘러내리는 물의 기운이다.
(甲寅, 乙卯) ('산골짜기. 시냇물. 시내 계') 활달하고 호탕하다. 일처리가 시원스럽고 거침없다.

27, 사중토(沙中土) : 모래 가운데의 흙이다. 사상누각이고 노력해도
(丙辰, 丁巳) 물거품이 되는 경우가 많다.

28. 천상화(天上火) : 하늘에서 따스하게 비춰주는 불의 기운이다. 밝고
(戊午, 己未) 화사하고 당당하며 남을 위하여 온정을 베푼다.

29. 석류목(石榴木) : 단아한 석류나무 기운이다. ('석류나무 류')
(庚申, 辛酉) 유순하고 작은 것에도 행복해 한다.

30. 대해수(大海水) : 큰 바다와 같은 물의 기운이다. 바다같이 넓고
(壬戌, 癸亥) 깊은 마음으로 다 받아주나, 본인은 바쁘고 고달프다.

5. 명궁(命宮)

명궁(命宮)이란 점술(占術)에서 십이궁(十二宮)의 하나로, 수명 등 운수를 알아보는 데 쓰인다. 사주에서 월지(月支)와 시지(時支)와의 관계를 일정한 법칙에 따라 인출하여 보는 법이다

명궁(命宮) 간지(干支)가 희신이거나 12운성의 장생·관대·건록·제왕이거나 천을귀인 등 길신이면, 운명이 사주보다 더 좋아지는 것으로 본다.

6. 칠살(七殺) 분류 격국

(1) 살중용인격(殺重用印格) : 관살(官殺) 태왕(太旺)

관살이 太旺하여 인수로 통관하여 일주를 생하는 살인상생(殺印相生)의 사주이다. 인수가 용신이고 비겁이 희신으로, 財가 없거나 있어도 有情하여야 좋은 사주가 된다.

(2) 식신제살격(食神制殺格) : 관살(官殺) 태왕(太旺)

칠살(七殺)이 왕성한데 식신이 제압하는 사주이다. 식상이 용신이고 비겁이 희신으로, 비겁이 있으면 인수도 왕성한 칠살을 설기시키니 나쁘지 않다.

(3) 재자약살격(財滋弱殺格) : 관살 허약

身旺한 사주에서 弱한 관살을 財가 生助하는 것을 말한다. 財가 용신이고 官이 희신으로, 재관운(財官運)이 오면 발복하여 출세한다. 이 격국은 식상이 없어야 좋은 사주가 된다.

(4) 제살태과격(制殺太過格) : 관살허약

식상이 왕성하여 미약한 관살을 제압함이 태과한 사주이다. 인수가 용신이고 관성이 희신이다.

(5) 관살혼잡격(官殺混雜格)

관살혼잡(官殺混雜)되어 있으면 사주가 탁(濁)하고 출세가 어렵다. 일반적으로 身旺하다면 관살혼잡이 두렵지 않으나, 身弱하다면 두렵다. 관살혼잡은 官과 殺이 모두 세력이 있어 공(功)을 다툴 때 혼잡이라 하는 것이다.

그런데 만약 식신 상관이 太旺하여 약한 살을 제압함이 태과하면(制殺太過格), 官으로 殺을 도우니 관살혼잡이 아니다. 또한 官은 강한데 殺이 약하거나, 殺은 강한데 官이 약한다면 관살혼잡이 아니다.

(6) 합관유살격(合官留殺格), 합살유살격(合殺留官格)

관살혼잡(官殺混雜)되어 있는데, 官이 합되었거나 殺이 합되어 한쪽이 작용을 못 하는 경우로서 관살혼잡이 아니다.

7. 상관(傷官) 분류 격국

(1) 상관용인격(傷官用印格) : 신약(身弱) 사주

상관격으로 身弱하고 상관이 太旺할 때 인수가 있으면 이 인수를 용신으로 삼는다. 상관용인격은 인수가 용신이고 비겁이 희신으로, 財가 없거나 財가 있어도 인수를 파극(破剋)하면 안 된다.

(2) 상관용겁격(傷官用劫格) : 신약(身弱) 사주

상관격으로 身弱하고 상관이 太旺한데 財도 힘이 있으면 힘이 모두 財로 모이니, 財를 제압하기 위해 비겁을 용신으로 삼는다. 상관용겁격은 비겁이 용신이고 인수가 희신이다. 관성이 없어야 좋다.

(3) 상관용재격(傷官用財格) : 신왕(身旺) 사주

상관격인데 身旺사주라면 인수를 쓸 수 없으니, 식상이 왕성하고 財가 있으면 財를 용신으로 삼는다. 상관용재격은 財가 용신이고 식상은 희신이다.

(4) 상관용관격(傷官用官格) : 신왕(身旺) 사주

상관격으로 일간(日干)이 힘이 있고 관성이 힘이 있으며 천간에 투출하였으면, 관성을 용신으로 쓴다. 상관용관격은 官이 용신이고 財가 희신이다.

(5) 상관용상관격(傷官用傷官格) : 신왕(身旺) 사주

身旺하고 財·官이 없거나 미약하면 식상을 용신으로 삼는다. 상관용상관격은 식상이 용신이고 財가 희신이다.

8. 일간(日干)과 오행의 과다(過多)

(1) 木 일간

- 화다분목(火多焚木)

  木일간에 火가 많으면 나무가 타들어(타다. 불사르다. 불사를 분(焚))간다. 화재의 위험이 있고 화상을 입을 수도 있다. 火氣가 치솟아 오르면 대머리가 된다고도 한다. 水剋火로 水氣가 많이 필요하다.
- 토다절목(土多折木)

  木일간에 土가 많으면 나무가 부러진다(꺽이다. 부러지다. 꺾을 절(折)). 팔, 다리 등 몸이 다치거나 부러지거나 꺾일 수 있다.
- 금다단목(金多斷木)

  木일간에 金이 많으면 나무가 잘린다(끊다. 절단하다. 끊을 단(斷)). 간과 당낭에 질환이 생길 수 있다. 간 기능 저하를 초래하는 술을 조심해야 한다.
- 수다부목(水多浮木)

  木일간에 水가 많으면 나무가 둥실둥실 떠내려간다(뜨다. 둥실둥실 떠 움직이다. 뜰 부(浮)). 여러 곳을 떠돌아다니거나 여행이 잦

고 객사의 위험도 있다. 물을 조심해야 한다.

(2) 火일간

- 목다식화(木多熄火)

火일간에 木이 많으면 도리어 불이 꺼진다(꺼지다. 없어지다. 꺼질 식(熄)). 아궁이에 통나무를 너무 많이 넣어 공기부족으로 불이 꺼지는 형상에 비유한 것이다. 숨이 차오르는 병을 겪을 수 있으니, 돌아다니면서 좋은 공기를 마셔야 한다고 한다.

- 토다회화(土多晦火)

火일간에 土가 많으면 어두워진다(어둡다. 캄캄하다. 그믐 회(晦)). 시력이 약하며 체격이 마르고 허약하다고 한다.

- 금다식화(金多熄火)

火일간에 金이 많으면 불이 꺼진다(꺼지다. 없어지다. 꺼질 식(熄)). 피부가 건조하거나 숨이 차다고 한다.

- 수다멸화(水多滅火)

火일간에 水가 많으면 불이 꺼진다(멸하다. 불이 꺼지다. 멸망할 멸(滅)). 숨이 차고 땀이 많으며 심장계통의 기능이 약하다고 한다.

(3) 土일간

- 목다경토(木多傾土)

土일간에 木이 많으면 땅이 무너진다(기울다. 뒤집히다. 기울 경(傾)). 비장이나 위장에 질환이 생기거나 요통을 앓을 수 있고, 성격상 비위가 약하다고 한다.

- 화다초토(火多焦土)

土일간 火가 많으면 땅이 타들어간다(그을리다. 그을릴 초(焦).

초토화 작전). 火氣가 치솟아 탈모가 심하고, 水氣가 말라 당뇨나 만성피로증상에 시달린다고 한다.

- 금다변토(金多變土)
  土일간에 金이 많으면 못 쓰는 땅으로 변한다(변하다. 달라지다. 변할 변(變)). 못 쓰는 황무지나 암반이 박혀있는 땅이다.
- 수다류토(水多流土)
  土일간에 水가 많으면 흙이 떠내려간다(흐르다. 떠내려가다. 흐를 류(流)). 떠돌이 기운이 강하여 여행이 잦다고 한다. 물 조심해야 하는 사주이다.

(4) 金일간

- 목다결금(木多缺金)
  金일간에 木이 많으면 도리어 쇠가 깨진다(깨뜨려지다. 이지러질 결(缺)). 골절 등으로 뼈가 잘 부러지기 쉽다고 한다.
- 화다용금(火多熔金)
  金일간에 火가 많으면 쇠가 녹는다(녹일 용(熔)). 폐 · 대장 기능이 부실하고, 기관지 · 호흡기계통 질환이 생기기 쉽다고 한다.
- 토다매금(土多埋金)
  金일간에 土가 많으면 金이 땅에 묻힌다(묻을 매(埋)). 땅속에 파묻힌 보석이라 보이지 않고, 능력이 있어도 알아주는 사람이 없는 형국이다.
- 수다침금(水多沈金)
  金일간에 水가 많으면 金이 가라앉는다(가라앉을 침(沈)). 당뇨에 걸리거나 주색에 빠지는 등 물로 인한 재앙이 따라 다닌다고 한다.

(5) 水일간

- 목다축수(木多縮水)
  水일간에 木이 많으면 물이 줄어든다(줄일 축(縮)). 두뇌가 비상하고 공부도 잘한다고 한다.
- 화다비수(火多沸水)
  水일간에 火가 많으면 물이 끓는다(끓을 비(沸)). 성질이 차분하지 못하고 끓는 물처럼 팔딱팔딱 하다고 한다.
- 토다어수(土多於水)
  水일간에 土가 많으면 물이 흙탕물이 된다(어조사 어(於)). 뇌출혈이나 동맥경화 등 혈루에 이상이 올 수 있다고 한다.
- 금다체수(金多滯水)
  水일간에 木이 많으면 물이 막힌다(막힐 체(滯)). 음식물을 소화시키지 못해 잘 체하고 동맥경화 등 혈류계통에 이상이 올 수 있다고 한다.

9. 일주(日主)의 중화(中和)와 설상방조(洩傷幇助)

일주(日主)의 중화란 일주의 힘이 강하지도 않고 약하지도 않아 적절한 것을 말한다. 일주의 강약에 따른 억부법(抑扶法)을 설상방조(洩傷幇助)라 한다.

(1) 설(洩, 새다. 샐 설) : 태왕신왕(太旺身旺)

일주가 太旺하여 일주의 기운을 설기(洩氣)시키는 식상이 용신이다. 여기서 太旺이란

첫째, 인성도 旺하고 비겁도 旺한 가운데 득령(得令)한 경우이다.
둘째, 지지(地支)에 비겁(比劫)으로 方合(全方)을 이루고 천간에 투출한 경우이다.

- 비겁이 太旺하고 인성이 弱하면, 식상이 용신이고, 財가 희신이다(食神生財格, 傷官生財格).
- 財, 官이 없거나 미약하고 식상이 있으면, 식상이 용신이고 財는 희신이다.
- 인성이 太旺하고 비겁이 弱한 가운데 식상이 있으면, 財가 용신이고 식상은 희신이다.
- 식상이 旺하고 財가 힘이 있으면, 財가 용신이고 식상은 희신이다(傷官用財格).

(2) 상(傷) : 신왕(身旺), 중화(中和)

일주가 身旺하면 일주를 제압하는 관살이 용신이다.
- 비겁이 왕성하고 인성이 약한 가운데 관살(官殺)이 유력하면, 관살(官殺)이 용신이고 財가 희신이다.
- 비겁이 왕성하고 財, 官이 모두 弱할 때, 財가 용신이고 官은 희신이다(財滋弱殺格).

(3) 방(幇, 도울 방) : 재다신약(財多身弱)

食傷, 財가 太旺하고 비겁이 약하면, 비겁을 도와야 한다.

- 재다신약(財多身弱)이고 관살이 없거나 약하면, 비겁이 용신이고 인성은 희신이다.
- 비겁이 약하고 상관이 태왕하면, 비겁이 용신이고 인성은 희신이다(傷官用劫格).

(4) 조(助) : 신약태약(身弱太弱)

관살이 太旺하여 身弱하고 인성이 힘이 있으면, 인성으로 도와야 한다.

- 살왕신약(殺旺身弱)이고 인성이 있으면, 인성이 용신이고 비겁은 희신이다(殺重用印格).
- 상관태왕(傷官太旺)하고 財가 없고 인성이 있으면, 인성이 용신이고 비겁이 희신이다(傷官用印格).

10. 조후(調候)

(1) 천간 지지와 조열(燥熱), 한습(寒濕)

- 조열(燥熱)은 마르고(마르다. 말리다. 마를 燥) 더운(덥다. 따뜻하다. 더울 熱) 기운이다.
- 한습(寒濕)은 차갑고(차다. 차갑다. 찰 寒) 축축한(축축하다. 습기. 축축할 濕) 기운이다.

甲, 乙, 丙, 丁은 마르고 더운 기운 즉 조열한 기운이다.

庚, 辛, 壬, 癸는 차갑고 축축한 기운 즉 한습한 기운이다.
戊土는 고조(高燥)한 土이고, 己土는 비습(卑濕)한 토이다.

寅, 卯, 巳, 午, 未, 戌은 마르고 더운 기운 즉 조열한 기운이다.
申, 酉, 亥, 子, 丑, 辰은 차갑고 축축한 기운 즉 한습한 기운이다.

(2) 사주의 계절별 조후(調候)

1) 봄과 여름 사주

寅卯月生(봄 출생)에게는 丙, 癸가
辰月生(봄 출생)에게는 甲이
巳午月生(여름 출생)에게는 壬, 癸가
未月生(여름 출생)에게도 壬, 癸가
각 조후성(調候星)이라 할 수 있다

2) 가을과 겨울 사주

申酉月生(가을 출생)에게는 丁, 丙이
戌月生(가을 출생)에게는 甲이
亥子月生(겨울 출생)에게는 丙, 戊가
丑月生(겨울 출생)에게는 甲, 丙, 戊이
각 조후성(調候星)이라 할 수 있다.

3) 여름 사주와 겨울 사주

조후는 특히 여름사주와 겨울사주에는 꼭 필요하다. 여름 사주는 물이 필요하고 겨울 사주는 불이 필요하다.
여름 사주에는 地支로 습토(濕土)인 丑, 辰이 있으면 좋고, 겨울 사주에는 地支로 조토(燥土)인 未, 戌이 있으면 좋다.
丑, 辰의 지장간에는 水氣가 있어서 마르고 더운 기운을 식혀

준다. 未, 戌의 지장간에는 火氣가 있어서 차갑고 축축한 기운을 데워준다.

11. 사주의 청탁(淸濁)

(1) 청(淸)한 사주와 탁(濁)한 사주

1) 유통(流通)

사주의 구조가 막힘이 없이 두루 잘 흐르고 通하면 淸한 사주이다. 이를 주류무체(周流無滯)하다고 한다.

- 年이 月을 生하고 月이 日을 생하며 日은 時를 생하는 사주의 경우, 상생유통(相生流通)이 되어 어느 운(運)이 와도 크게 흔들리지 않으니 청(淸)한 사주이다.
- 시가 일을 生하고 일이 월을 생하며 월은 년을 생하는 사주의 경우, 상생유통(相生流通)이 되어 어느 운(運)이 와도 크게 흔들리지 않으니 청(淸)한 사주이다. 이런 사주는 스스로의 힘으로 자수성가하는 사주이다.

2) 중화(中和)

일주가 힘이 있고 동기동류(同氣同類, 같은 오행)끼리 모여서 힘의 균형을 이루면 中和된 사주로서 청(淸)하다.

3) 순역(順逆)

극충(剋沖)이 없고 화평하면 청(淸)하고, 극충(剋沖)이 많으면 탁

(濁)하다.

4)격국(格局)

관살(官殺)이 혼잡되거나, 정관격(正官格)에 상관이 투출했거나, 식신격(食神格)에 편인이 투출했거나, 재격(財格)에 비겁이 투출했거나, 財格에 칠살이 투출했거나, 정인격(正印格)에 財가 투출했으면 탁(濁)하고, 격국이 성격(成格)되고 형, 충, 파, 해(刑, 沖, 破, 害)가 없고 파격(破格)이 되지 않으면 청(淸)하다.

(2) 청탁(淸濁)의 분류

1) 상청(上淸)

상청 사주는 어떤 운로을 맞이해도 나쁘지 않고 희신운(喜神運)에는 크게 발복한다. 다음의 경우는 상청 사주이다.

- 사주가 오행(五行)을 두루 갖추고 상생유통(相生流通)되며 일주가 힘이 있을 경우.
- 용신이 진신(眞神)이고 오행 유통되며 사주가 순청(純淸)한 경우.

2) 중청(中淸)

중청 사주는 기신운(忌神運)이 되면 발복하지 못하지만 크게 나쁘지는 않고, 희신운(喜神運)이 오면 발복한다.

- 일주가 太旺하면서 식신상관이 투출하여 수기유행(秀氣流行)될 경우.
- 일주가 身旺하나 財, 官도 힘이 있어 일주를 견제하고 제압할 경우.
- 일주가 身强하고 사주가 상극쟁투가 없을 경우.

- 일주가 身弱하나 인수가 득령(得令)하고 힘이 있을 경우.

3) 중등(中等)

중등 사주는 기신운(忌神運)이 되면 나쁘고 희신운(喜神運)이 오면 적게 발복한다.

- 사주에 상극쟁투가 있고 용신, 희신이 힘이 약한 경우.
- 용신이 쟁합(爭合) 또는 투합(鬪合)이 된 경우.
- 천간의 용신이 지지에 뿌리를 두는데 지지합(地支合)이 된 경우.
- 일주가 身旺한데 상관견관(傷官見官)이 된 경우.

4) 중탁(中濁)

중탁 사주는 기신운(忌神運)이 되면 흉(凶)하고 희신운(喜神運)이 오면 적게 발복한다.

- 용신이 있으나, 기신(忌神), 한신(閑神)과 합(合)이 되어 기반(羈絆)된 경우. 합이불화(合而不化).
- 가신(假神)이 용신(假神得用)으로 힘이 미약한 경우.
- 천간의 용신이 지지(地支)에 뿌리를 두고 있는데 지지충(地支沖)으로 파극된 경우.

5) 하탁(下濁)

하탁 사주는 기신운(忌神運)이 되면 대흉(大凶)하고 희신운(喜神運)이 오면 적게 발복한다.

- 도처에 상극투쟁이고 용신이 힘이 미약한 경우.
- 合沖이 많고 용신이 기신에 파극된 경우.
- 용신이 미약한데 기신이나 한신에 합거(合去)된 경우.
- 단일용신인데 파극되거나 합거(合去)된 경우.

- 일주가 太弱한데 관성, 식상이 많아 극루교가(剋漏交加)의 경우.

12. 용신의 진가(眞假), 단일용신(單一用神), 삼용신(三用神)

(1) 진신(眞神)과 가신(假神)

득령(得令)하고 사령(司令)하였으며 천간에 투출한 신을 진신(眞神)이라 한다. 진신득용(眞神得用)으로 기신에 의해 파극 되거나 합거 되지 않으면, 좋은 사주로 한평생 부귀하게 산다.

용신은 힘이 왕성해야 하는데 용신이 미약하면 운로에 따라 길흉화복이 여러 가지 모습으로 나타난다.

(2) 단일용신(單一用神)

용신은 일반적으로 용신 1개 희신 1개가 되는 것인데 특수한 사주는 용신을 하나밖에 쓸 수 없는 경우가 있다. 이 경우를 단일용신(單一用神)이라 한다. 억부법에 의한 용신, 희신중에 조후법상 쓸 수 없는 것이 있으면 하나만 용신이 되는데, 이런 경우가 단일용신이다.

(3) 삼용신(三用神)

용신은 일반적으로 용신 1개 희신 1개가 되는 것인데 특수한 사주는 용신을 3개 모두 쓸 수 있는 경우가 있다. 이 경우를 삼용신(三用神)이라 한다.

- 전왕격(專旺格)은 財, 官만 흉(凶)하고 식상, 비겁, 인수 순으로 좋다.
- 身旺하고 격국이 淸하면 食傷, 財, 官을 모두 쓸 수 있다.
- 官殺이 太過할 때 인수, 비겁을 쓰고 일주가 힘이 있으면 食傷도 吉神 역할을 한다. 예를 들면 殺重用印格인데 食傷制殺格도 같이 성립하는 경우이다.

13. 음양(陰陽)의 중화와 오행(五行)의 중화

중화(中和)란 음양오행이 서로 견제와 균형을 이룬 것을 말한다. 음양오행이 서로 적당한 견제와 균형을 이루고 소통이 잘 되면 사주가 중화(中和)되었다고 하고, 이렇게 중화가 되었을 경우 발복한다.

(1) 陰陽의 中和 : 사주에 陰氣와 陽氣가 적절히 배분되어 중화를 이룸.

1) 木火와 金水

木, 火는 陽의 기운이고 金, 水는 陰의 기운이다. 이것이 적절히 배분되어 균형을 이루면 좋다. 사주가 대부분 木, 火로 되어 있고 金, 水가 없거나 미약하면, 陽氣로 치우친 것이다. 반대로 金, 水가 대부분이고 木, 火가 없다면, 陰氣로 치운친 것이다. 운로에서 치우친 반대편의 힘을 도와야 中和가 된다.

2) 한난(寒暖)

- 일단 태어난 달이 巳, 午, 未月이거나 亥, 子, 丑月이면 조후

(調候)가 필요하다. 여름철(巳, 午, 未月)에 태어난 木, 火, 土는 더우니 金, 水로 식혀 주어야 한다. 겨울철(咳, 子, 丑月)에 태어난 金, 水, 木은 얼어붙었으니 木, 火로 따뜻하게 해 주어야 한다.

- 寅月(입추~우수)은 비록 봄철이지만 초봄으로서 아직 추우므로 조후(調候)가 필요하다고 본다.
- 卯, 辰, 申, 酉, 戌月은 기후가 적당하므로 그다지 조후(調候)가 꼭 필요한 것은 아니다.

3) 조습(燥濕)

地支가 巳午寅卯 未戌燥土로 이루어지고 천간에 丙丁甲乙, 戊土로 되어 있으면 조(마르다. 말리다. 마를 조(燥))하니, 水와 辰丑濕土가 필요하다. 이때 일주가 金이면 습토(濕土)가 절실히 필요하다.

地支가 亥子申酉 辰丑濕土로 이루어지고 천간에 壬癸庚辛, 己土로 되어 있으면 습(축축하다. 습기. 축축할 습(濕))하니, 火와 未戌燥土가 필요하다.

4) 간지음양(干支陰陽)

干支陰陽이란 陽干陽支와 陰干陰支가 적절히 배분된 것이다. 日柱가 양간양지이면서 나머지 三柱도 양간양지가 대부분이면 대운, 세운에서 음간음지로 나갈 때 발복한다. 반대로 日柱가 음간음지이면서 나머지 三柱도 음간음지가 대부분이면 대운, 세운에서 양간양지로 나갈 때 발복한다.

(2) 五行의 中和

1) 木火의 세력이 旺할 때

① 金水로 균형을 이룬다.

② 土金으로 균형을 이룬다.

①과 ②를 쓰는 것은 신왕, 신약과 음양의 중화를 보고 판단한다.

2) 火土의 세력이 왕할 때

① 水木으로 균형을 이룬다.

② 金水로 균형을 이룬다.

①과 ②를 쓰는 것은 신왕, 신약과 음양의 중화를 보고 판단한다.

3) 土金의 세력이 왕할 때

① 木火로 균형을 이룬다.

② 水木으로 균형을 이룬다.

①과 ②를 쓰는 것은 신왕, 신약과 음양의 중화를 보고 판단한다.

4) 金水의 세력이 왕할

① 火土로 균형을 이룬다.

② 木火로 균형을 이룬다.

①과 ②를 쓰는 것은 신왕, 신약과 음양의 중화를 보고 판단한다.

5) 水木의 세력이 왕할 때

① 土金으로 균형을 이룬다.

② 火土로 균형을 이룬다.

①과 ②를 쓰는 것은 신왕, 신약과 음양의 중화를 보고 판단한다.

14. 오행(五行)과 성정(性情)

(1) 木

木은 곡직(曲直, 굽음과 곧음)이라 하는데 인(仁, 어진 마음)을 주관한다. 측은지심(惻隱之心)이 있고 자애롭고 친절하며, 여러 사람들을 이롭게 한다. 조용하고 말이 적은 편이며, 외롭고 불쌍한 사람들을 도와준다. 온후하고 인자하며 평화를 좋아한다.

木이 태과(太過)하면 편벽(偏僻, 치우치다)하고 잘다.
木이 불급(不及)하면 어질지 못하고 질투심이 많다.

(2) 火

목은 염상(炎上, 불이 타오르다.)이라 하는데 예(禮, 예의바름.예절)를 주관한다. 밝고 명랑하며 정열적이나 말과 행동이 급한 편이다. 인내력이 약화고 감정의 변화가 잦다.

火가 태과(太過)하면 성질이 조급하다.
火가 불급(不及)하면 마음이 독하고, 시작은 있으나 끝이 없다.

(3) 土

土는 가색(稼穡, 곡심을 심고 거둠)이라 하는데 신(信, 믿음)을 주관한다. 후덕하고 원만하며 도량이 관대하다. 신용과 신의와 중용을 중시하고, 언행이 신중하다.

土가 태과(太過)하면 지나치게 순박하고 우둔하다. 고집이 너무 세고 융통성이 없다.

土가 불급(不及)하면 인색하고 음성(陰性, 밖으로 드러나지 않은 성질)이 탁(濁)하다.

(4) 金

金은 종혁(從革, 변혁함)이라 하는데 의(義, 옳다. 바르다. 의로운 마음)을 주관한다. 의지가 강하고 냉철하며 정의와 명예를 중시한다. 통솔력과 추진력이 있으며 영웅심이 강하고 불의를 참지 못한다.

金이 태과(太過)하면 잔인하며 무모하다.
金이 불급(不及)하면 겁이 많고 추진력이 없다.

(5) 水

수는 윤하(潤下, 아래로 적심)라 하는데 지(智, 지혜)를 주관한다. 감정이 풍부하고 언변이 유창하며 사교성이 있다. 글재주가 뛰어나고 총명하다. 사리가 분명하고 지략이 뛰어나다.

水가 태과(太過)하면 거짓이 많고 음모를 잘 꾸미며 호색한다.
水가 불급(不及)하면 총기가 흐리다.

15. 육신 십성(六神 十星)과 성정(性情)

(1) 비견

1) 청(淸)한 성정

온건하고 화평하다.
타인을 배려할 줄 안다.
동료애가 있고 협동심이 있다.
인덕이 있고 주위의 도움을 받는다.

2) 탁(濁)한 성정
자존심이 강하고 고집이 세다.
독선적이고 이기주의적이다.
대인관계가 원만하지 못하다.

(2) 겁재

1) 청(淸)한 성정
솔직하고 가식이 없다.
약자를 돕고 강자에 저항한다.
야망이 크고 의협심이 있으며 불의에 저항한다.

2) 탁(濁)한 성정
잔인하고 폭력적이다.
경쟁을 좋아하고 남을 이기려고 한다.
재물욕심이 지나쳐 투기를 좋아하고 요행을 바란다.
가정불화가 많고 배우자 덕이 없다.

(3) 식신

1) 청(淸)한 성정
명랑하고 활동적이며 낙천적이다.
풍류와 가무를 즐기며 음식 솜씨가 좋다.
도량이 크고 융화가 잘되어 대인관계가 좋다.

큰 고생을 하지 않는다.

2) 탁(濁)한 성정

분발하지 않고 게으르다.

놀기만 좋아하여 발전성이 없다.

식신이 많으면 몸이 허약하고 인덕이 없다.

(4) 상관

1) 청(淸)한 성정

창의력이 뛰어나고 파격적이다.

다재다능하고 예능에 소질이 있다.(문학, 예술, 연예 등)

말을 조리 있게 잘하고 화려한 것을 좋아한다.

포부가 크고 사교성이 있으며 총명하다.

2) 탁(濁)한 성정

잔재주에 능하고 간사하다.

거만하여 남을 깔보고 이중성격이 있다.

허영심이 있고 비판과 반론제기를 잘한다.

시비구설과 소송이 많다.

애정관계가 복잡하고 호색하다.

(5) 편재

1) 청(淸)한 성정

통이 크고 결단력이 있으며 빈틈이 없는 재주꾼이다.

임기응변에 능하고 상황대처가 빠르다.

요령이 좋아 협상을 잘하지만 허례허식은 싫어한다.

2) 탁(濁)한 성정

일확천금을 바라고 투기와 도박을 좋아한다.
편법적인 수단으로 돈을 번다.
낭비벽이 있고 풍류와 주색을 즐긴다.

(6) 정재

1) 청(淸)한 성정
정직하고 세밀하며 조심성이 있다.
근면검소하고 안정을 추구하는 성실한 노력파이다.
규칙적인 생활을 하고 허례허식과 낭비를 싫어한다.

2) 탁(濁)한 성정
소심하고 이기주의적이다.
인색하고 수전노 기질이 있다.

(7) 편관

1) 청(淸)한 성정
과묵하고 권위가 있다.
총명하고 상황판단이 빠르며 과단성이 있다.
의협심과 모험심이 있으며 봉사와 희생정신이 있다.
역동적이고 통솔력이 있으며 조직관리를 잘한다.

2) 탁(濁)한 성정
허세와 허풍이 있다.
군림하려는 성향이 있다.
남을 이용하려는 성향이 있다.
무례하고 싸움과 논쟁을 좋아한다.
조급하고 무모한 행동을 한다.

(8) 정관

1) 청(淸)한 성정

온후하고 정직하다.

위계질서를 중시하고 안정을 추구한다.

품행이 단정하고 윤리도덕을 존중한다.

명예와 대의명분을 중시하고 공평무사하다.

2) 탁(濁)한 성정

의지가 굳지 못하다.

관살이 혼잡되면 호색하고 관재수가 있다.

(9) 편인

1) 청(淸)한 성정

성격이 활발하고 임기응변에 능하다.

학문과 예술을 좋아한다.

호기심이 많고 영적인 감각이 탁월하다.

2) 탁(濁)한 성정

모든 일이 잘 막히고 용두사미 격이다.

의심이 많고 배신을 잘한다.

야행성이고 고독하다.

가식과 위선으로 표리부동하다.

(10) 정인

1) 청(淸)한 성정

자비심이 있고 인자하며 희생봉사 정신이 있다.

학문을 좋아하고 문장력이 있다.

예의바르고 윗사람을 공경하며 보수적이다.
총명하고 단정하다.

2) 탁(濁)한 성정
적극성이 부족하고 수동적이다.
융통성이 부족하다.

16. 성정(性情)과 오행, 육신 등 종합정리

(1) 명랑하고 낙천적인 성격

식신격은 명랑하고 낙천적이다.
火가 왕성하면 명랑하다.

(2) 도량이 있고 뜻이 크다.

土가 왕성하면 도량이 크다.
식신격, 상관격은 뜻이 크다.
겁재는 뜻은 높으나 소인의 마음이다.

(3) 적극적이고 진취적인 성격

甲木일간이 신왕하면 진취적이다.
상관은 재물, 명예를 얻기 위하여 적극적으로 노력한다.
정재격은 노력파이다.
칠살은 권세를 얻기 위해 끝까지 노력한다.
水일간이 신왕하면 앞으로 나아가고 뒤로 물러서지 않는다.

(4) 어질고 너그러운 성격

木이 왕성할 때
정인격, 정관격, 정재격, 편재격, 식신격이 제대로 成格되었을 때
상관이 정인에 의해 제압되면 온후하고 자상하다.

(5) 우울하고 비관적인 성격

인성이 태왕하고 식상이 없을 때
土金이 많고 정체되어 있을 때
金, 水, 濕土가 많고 火氣가 없을 때

(6) 고독하다.

비견겁재가 많으면 육친과 무정하여 고독하다.
편인격은 일찍 부모와 고향을 떠나고 고독하다.

(7) 남과 잘 싸우는 성격

金이 太旺하면 무모하고 과욕이나 만용을 부린다.
金木交戰이면 인의가 없고 다투기를 좋아한다.
水火交戰이면 시비가 그치지 않는다.
칠살이 많으면 난폭하고 싸움을 좋아한다.
겁재가 왕성하고 재성을 극하면 인정사정없고 잔인하다.
상관은 남의 말에 비판을 잘하고 반론을 제기하며 남을 이기려 한다.
금신(癸酉時, 己巳時, 乙丑時)은 용맹하고 폭력적이다.

(8) 오만하다.

상관이 제화가 되지 않으면 오만하여 다른 사람을 깔본다.

칠살이 太旺하고 제화가 되지 않으면 타인을 발아래 두려고 한다.
재성이 太旺하고 제화가 되지 않으면 재물만 믿고 오만하다.

(9) 투기와 도박을 좋아한다.

겁재가 많으면 재물욕심이 많다.
편재가 많으면 일확천금을 노리고 횡재, 요행을 바란다.
정편재가 혼잡해도 투기성이 있다.

(10) 낭비벽, 허영심이 있다.

편재가 많거나 정편재가 혼잡되면 낭비벽이나 허영심이 있다.
편재는 작은 돈은 우습게 알고 낭비벽으로 씀씀이가 헤프다.
상관이 태왕하면 허영심이 있다.
칠살은 허세를 부린다.

(11) 총명하다.

상관용신은 두뇌가 날카롭고 총명하다.
일지칠살은 총명하고 성격이 급하다.
木이 왕성한데 火로 설기되면 총명하다(木火通明)
金이 왕성한데 水로 설기되면 총명하다.(金水雙淸)
괴강격은 총명하다.
정인격은 지혜와 지모(智謀)가 있다.

(12) 학문을 좋아한다.

木火通明이면 문장력이 뛰어나다.
정인격은 학문을 좋아하고 박식하다.

편인은 학문과 예술을 좋아하여 배우기는 하나, 성취는 적다.
괴강격은 문장력이 있다.
윤하격은 학문이 뛰어나다.

(13) 사교적이고 대인관계가 좋다.

식신격은 타인과 융화협력이 잘되어 대인관계가 좋다.
편재격은 인정이 있고 친화력이 있어 사교성이 좋다.
己土日干은 성정이 유순하여 화목하니 남과 잘 어울린다.

(14) 보수적이고 수동적이다.

정인격, 정관격, 정재격은 보수적이고 수동적이다.
전통을 존중하고 안정을 추구한다.

(15) 떠돌아다닌다.

사주에 역마가 많으면 떠돌아다닌다.
지살이 많으면 타향을 전전한다.
土, 金이 없고 水, 木, 火가 많으면 유동적이다.

(16) 의지가 약하다.

식신격이고 비겁이 약하면 독립심이 약하고 의타심이 있다.
편인격은 용두사미로 끝이 흐지부지하다.

(17) 강한 성격이다.

일간이 陽干이고 천간지지에 陽干陽支가 많을 때
丙火日干이 身旺하면 강한 성격이다.

壬水日干은 강하고 물러서지 않는다.
羊刃格은 굽히지 않는 강한 성격이다.
일주 괴강이고 괴강이 많으면 성격이 강하다.
金일주가 金이 왕성하면 성격이 강하고 결단력이 있다.

(18) 고집이 세다.

身旺하고 비겁이 많으면 고집이 세다.
土일주가 火, 土가 많은데 金, 木의 설기, 제압이 없으면 고집불통이다.
정인격이 식상이 없으면 외골수로 융통성이 부족하다.

(19) 무례하고 제멋대로이다.

火가 太旺하고 제화되지 않으면 예의법규를 무시한다.
식상이 太旺하고 관성이 없으며 인성이 미약하면 제멋대로이다.
칠살이 太旺하면 예의가 없고 난폭하다.

(20) 풍류를 즐기고 호색하다.

식신이 많으면 놀기를 좋아하고 가무 등 풍류를 즐긴다.
편재가 많으면 주색을 좋아한다.
丁壬합이 많으면(2개 이상) 음란하다.
식신도화, 상관도화는 호색음란하다.(일지도화는 예외)
상관과 정관이 있고 관살혼잡이면 주색을 좋아한다.

(21) 세심하고 꼼꼼하다.

정재격은 치밀하고 세심하다.
상관이 제화되면 치밀하고 꼼꼼하다.

괴강은 엄격하고 시비가 분명하다.

(22) 체격이 크고 풍만하다.

식신이 왕성하면 음식을 잘먹고 신체 풍만하다.
식신이 있고 수기가 많으면 신체가 풍만하다.

(23) 체격이 마르다.

식상이 없고 水氣도 부족하면 마른 체격이다.

(24) 인색하고 이기주의자이다.

사주에 목도 없고 인성도 없을 때.
정인이 너무 많아도 자기밖에 모른다.
비견겁재가 너무 많고 관의 제압이나 식상의 설기가 없을 때.

17. 십 천간(十 天干)

甲, 乙, 丙, 丁, 戊, 己, 庚, 辛, 壬, 癸를 십 천간(十 天干)이라고 하고 이 가운데 甲, 丙, 戊, 庚, 壬을 천간오양(天干五陽), 乙, 丁, 己, 辛, 癸를 천간오음(天干五陰)이라고 한다. 오양간(五陽干) 중에서는 丙火가 으뜸으로 가장 陽氣가 강하고 오음간(五陰干) 중에서는 癸水가 으뜸으로 가장 陰氣가 강하다.

양간(陽干)은 강건하여 뿌리가 있으면 財殺을 두려워하지 않는다. 양간은 측은지심(惻隱之心)을 가지고 있어서 처세함이 구차하지 않다. 음간(陰干)은 유순하지만 독립심이 약하고 세력이 강한 자에게 의지하려는 성향이 있다.

이제 십 천간(十 天干) 하나하나의 특성, 작용력 등에 대하여 자세하게 살펴보기로 한다.

(1) 甲木

甲은 껍질이 터지는 것이다. 만물은 껍질을 쪼개고서 나는 것이다. 역(易)에 말하기를 백과초목이 모두 껍질이 터지고서야 싹이 나는 것이다.

甲木은 순양(純陽)의 木으로 하늘을 향해 치솟은 巨木이요 大林이다. 甲木은 十干의 머리요 四時의 처음이다. 하늘에 있어서는 우뢰(雨雷)요 龍이요 땅에 있어서는 材木으로 동량목(棟樑木)이다. 甲木은 나무가 단단하여 도끼나 칼 같은 쇠를 이용하여 쪼개거나 다듬어서 쓰기도 한다.

甲木은 그 質이 굳고 그 성품은 곧고 그 빛은 푸르고 그 맛은 시고 그 소리는 탁(濁)하고 그 體는 모질고 길며 그 用은 움트고 動的이다. 甲木이 時令을 얻으면 능히 동량지재가 될 수 있으나 失令하면 땔감에 불과하다.

- 寅月(정월)에는 아직 추우므로 木은 火가 필요하다.
- 卯月(2월)에는 대단이 旺盛하므로 身旺하다. 그러나 金을 용신으로 쓸 수는 없고(春不用金) 역시 火가 필요하다.
  木은 봄, 여름에는 水가 필요하고 봄, 가을, 겨울 모두 火가 필요하다.
- 가을에는 土가 虛薄(빌 허, 엷을 박)한데 木으로부터도 剋을 받으니, 木의 뿌리가 되지 못하여 木이 상한다.
- 지지에 寅午戌火局인데 천간에 丙丁火가 투출하여 燥熱하다면

甲木이 타버릴 것이다. 이 때는 辰土가 있어야 火氣를 泄하고 生木할 수 있다. 丙火가 투출하면 辛金도 좋다.

- 지지에 申子辰水局인데 천간에 壬癸水가 투출하였다면 폭류에 나무가 떠내려 갈 것인데, 지지에 寅木이 있어야 뿌리가 되어 떠내려가지 않을 것이다. 寅木은 丙火, 戊土를 소장하고 있으며 甲木의 녹왕지(祿旺地)이기 때문이다.

(2) 乙木

乙은 만물이 처음 生할 때(싹이 날 때) 꺽어져 꼬부라져 나오는 것이니, 아직 펴지지 못한 이 모습이 乙이다.

乙木은 陰木이니 그 성(性)이 유약(柔弱)하다. 하늘에 있어서는 바람이요 땅에 있어서는 초목이다. 乙木은 甲木처럼 굳고 단단한 나무가 아니라 바야흐로 싹이 터서 자라는 과정의 나무다. 그러므로 그 뿌리가 성(盛)하고 그 가지와 잎이 무성하므로 활목(活木)이라 한다.

- 乙木도 甲木과 마찬가지로 봄, 여름에는 水를 필요로 하나 봄, 가을, 겨울에는 火가 필요하다. 즉, 봄에는 나뭇잎이 나기 위해서는 水, 火가 필요하며, 여름에는 건조한 땅을 윤택하게 하기 위해 水가 필요하고, 가을에는 金을 제압하기 위해서 火가 필요하며, 겨울에는 얼어붙은 땅을 녹이기 위해서 火가 필요하다.
- 乙木일주가 丑, 未월에 생하였거나 乙丑·乙未일주이면, 未는 乙木을 암장하고 있어 뿌리가 되고 丑은 癸水를 암장하고 있어 乙木을 生해주니 유정(有情)하다.
- 乙木이 申酉月(7, 8월)에 生하였거나, 乙酉日에 생하였는데 丙丁이 천간에 투출하였으면, 金을 꺼리지 않는다.
- 乙목이 甲木·寅木을 모두 가지고 있으면 서로 협조되어 사계

절이 모두 평한하다. 이와 같은 경우 등넝쿨이 寅中甲木을 타고 올라가는 것에 비유하여 등라계갑(藤蘿繫甲)이라고 하며, 申酉月이나 亥子月에 生하여도 金의 절벌(折伐)이나 水에 부목(浮木)될 염려가 없다.

- 을목은 丁火를 좋아한다. 칠살 辛金을 막아주기 때문이다.

(3) 丙火

오양(五陽-甲丙戊庚壬)의 으뜸으로 그 세가 매우 맹렬하다. 丙火는 하늘에 있는 태양으로 능히 눈과 서리와 빙하를 녹이는 힘이 있고 능히 완강(頑剛)한 庚金을 힘으로 제압할 수 있다.

- 丙火는 庚金을 극벌(剋伐)할 수 있다.
- 丙火는 辛金을 만나면 오히려 누그려져 합(合)을 이룬다.
- 丙火는 己土(습토)를 만나야 火氣를 설기시킬 수 있다. 戊土를 만나면 회기(晦, 어둡다. 캄캄하다. 그믐 회, 氣)됨이 심하다.
- 丙火는 壬水를 만나야 제압될 수 있다. 癸水는 유약하여 증발되어 버린다.
- 丙日生은 봄, 가을 두 계절에 출생함을 기뻐하니, 봄에는 따뜻한 기운을 보내 만물을 육성시키는 덕이 있고 가을에는 백곡을 여물게 하는 공이 있기 때문이다. 丙火가 만약 申酉戌月이나 亥子月 중에 生하고, 지지에 申子辰의 水局을 놓으면 旺한 水의 억눌림을 받아 일생 뜻을 펴지 못 한다.

(4) 丁火

丁은 만물이 형체가 실(實)해지는 것이다. 방국도적(邦國圖籍)에서 말하기를 丁은 만물을 성숙하게 한다.

丁火는 부드럽고 중용을 지키니 그 성품이 밝고 지혜로우며, 乙을 만나면 효도하고, 壬과 합(合)하여 충성하고, 왕(旺)하여도 치열하지는 아니하고, 쇠약하여도 곤궁하지 않으며, 甲만 있으면 가을도 좋고 겨울도 좋다.

- 丁火가 乙木을 만나면 辛金으로부터 乙木을 보호하니, 효도한다고 한 것이다.
- 丁火가 壬水를 만나면 木으로 化한다. 따라서 戊土가 壬水를 剋할 경우 丁火가 戊土로부터 壬水를 보호하게 된다. 壬水는 丁火에 대하여 관성이니 충성한다고 한 것이다.
- 丁火는 甲乙木이 투출하였으면 가을에도 金이 두렵지 않고, 地支에 寅卯가 있으면 겨울에도 두렵지 않다. (땔나무로 불을 지핀다).
- 丁火가 득령하면 천근철(千斤鐵)도 녹일 수 있으나, 실령하면 일촌금(一寸 金)도 녹이지 못한다.
- 濕木은 丁火를 生하지 못한다. (濕木은 지지에 亥子 濕土를 깔고 앉은 木).

(5) 戊土

戊는 만물이 무성(茂盛)하다는 뜻이다. 한지(漢志)에 이르기를 만물을 무성하게 하는 것이 戊이다.

戊土는 陽土로 固重한 흙이다. 戊土는 대륙이요, 산이요, 성원(城垣, 담 원)이요, 제방의 흙이다.

- 戊土는 단단하고 건조한 흙이므로 寅卯辰巳午의 봄, 여름에 生하면 마땅히 水로 적셔 주어야 만물을 生長할 힘이 있는 것이나, 水의 습기를 받지 못 하면 燥土가 되어 만물이 生하지도 못

하고 자라지도 못한다.

- 戊土가 가을, 겨울에 生하면 水가 많은 계절이니 火로써 온난하게 하여야 만물을 성숙시킬 수가 있는데, 만약 火가 없고 濕만 있다면 만물을 얼고 병들게 한다.
- 戊土는 寅月에는 剋을 받으니 마땅히 안정하여야 하고, 沖이 있으면 안 된다. 申月에도 설기가 심하여 약해지니 안정하여야 하고, 충동(沖動)하면 안 된다.
- 사계월(四季月, 환절기, 3, 6, 9, 12월)에는 土가 旺하니 기운을 소통시키려면 庚辛申酉金이 좋다.

(6) 己土

만물의 형상이 벼리(일이나 글에서 뼈대가 되는 줄거리)하는 것이 己이다 (형체가 완전해져서 확실히 알 수 있는 것을 말함).

己土는 음토(陰土)로서 그 質이 비습(卑濕)하며 진흙 또는 전원의 흙에 비유된다. 戊己 土는 모두 중정지토(中正之土)에 속하나 戊土는 고중(固重)하고 높은 반면에, 己土는 비습하니, 이것이 戊土와 己土의 다른 점이다.

- 己土는 만물을 축장(蓄藏)하는 덕이 있으므로 木의 盛함을 근심치 않고 水의 왕양(汪洋, 넓을 양, 바다 양)함을 두려워하지 않는다.
- 己土는 음습(陰濕)한 土로서 그 성정이 유순하여 화목하므로 木을 도우니 木의 剋을 받지 않는다.
- 己土는 水를 받아들일 수 있기 때문에 水를 두려워하지 않는다.
- 己土는 陰濕하여 丁火가 약하면 丁火의 빛을 가려버린다. (어둡게 한다).
- 己土는 辛金이 있으면 辛金을 生하여 윤택하게 만들어 준다.

- 사주에 土의 뿌리가 튼튼한 가운데 己土가 丙火를 만나면 丙火가 음습(陰濕)한 土의 기운을 제거하여 만물을 자생시킬 능력을 갖춘다.

(7) 庚金

庚은 굳고 강한 모양이다. 만물이 수렴하여 내면이 실(實)해진다.

庚金은 陽金이므로 西方의 숙살지기(肅殺之氣, 天上太白)라 하며 금강동철(金鋼銅鐵)에 비유된다. 庚金은 그 본질이 강경(强勁)하고 그 성(性)은 급하고 날카로우며 그 맛은 맵고 그 소리는 웅대하고 그 빛은 희고 그 체(體)는 곧다.

- 庚金이 壬水를 만나면 살기(煞氣)를 설(洩)하게 되므로 그 기류가 맑아진다.
- 庚金이 丁火를 얻으면 제련된다.
- 庚金이 봄, 여름에 生하면 약하니 지지에 진술습토(辰丑濕土)를 만나야 生하며, 미술조토(未戌燥土)를 만나면 金이 부서진다.
- 庚金이 甲木을 만나면 剋伐해 잘라 버린다.
- 庚金이 乙木을 만나면 乙庚으로 合을 이루어 서로 有情해진다.

(8) 辛金

辛은 만물이 이미 완전히 성숙하여 剋制를 받음을 말한다. 따라서 辛은 통(痛, 아픔, 고통, 열매를 거둠)이다.

辛金은 陰金이니 庚金처럼 강건하지가 않고 온유청윤(溫柔淸潤)하므로 珠玉에 비유된다. 辛金은 귀금속과 같이 깨끗하고 윤택하여 보기 좋으나, 많은 土를 만나면 土多金埋가 되어 辛金이 묻힌다. 특히 戊土가 太多하면 이는 학수매금(涸水埋金, 물이 마르다. 물 마를 학)의 상이 되어 불길하니 戊土가 중첩함을 꺼린다.

- 辛金을 壬水를 좋아한다. 辛金을 윤택하게 하기 때문이다.
- 戊土가 壬水를 극하는데 丙火가 있으면 이 戊土를 돕게 된다. 그러나 辛金이 있으면 丙火와 合이 되어 水가 되니, 丙火로 하여금 戊土를 돕지 못하게 하고 水로 化여여 壬水를 돕는다. 따라서 사직(社稷, 나라)을 붙든다고 하였다.
- 辛金은 왕성한 丙火가 甲木을 불태우는 것을 구원한다. 丙火와 合이 되어 水로 化하니 甲木을 生한다. 따라서 생령(生靈, 생명)을 구원한다고 하였다.
- 辛金이 여름에 生하여 火가 많더라도 己土만 있으면 火氣를 설기시켜 生金한다.
- 辛金이 겨울에 생하여 水가 많더라도 丁火만 있으면 水의 濕氣를 흡수하고 養金한다.

(9) 壬水

壬은 회임한 것이니 陰陽이 相交하여 새로운 씨앗을 잉태한다.

壬水는 陽水로 江河와 소택(沼澤, 늪 소, 못 택)의 물에 비유된다. 壬水는 강건(剛健)의 덕이 있어 주류불체(周流不滯, 막힘이 없이 흐름)하고 通根되어 천간에서 癸水와 합세하면 충천분지(沖天奔지)하는 힘이 있다. 壬水의 質은 미끄럽고 그 性은 음(淫)하고 그 맛은 짜고 그 빛은 검고 그 소리는 홍대(洪大)하고 그 體는 원활(圓滑, 둥글고 매끄러움)하다.

- 壬水는 申에서 生하여 庚金의 기운을 소통시킨다.

- 만약 지지에 申子辰이 있고 천간에 癸水도 투출하였으면, 그 폭류를 土로써 막을 수 없으니 木으로 설기시켜야 한다.
- 水가 왕성할 때 丁火가 있어 합(合)하면 木으로 化하고 다시 丁火를 生하니 相生의 묘용(妙用)이 되니 다정하다 한다. 또 합(合)이 되면 木기운이 되니, 戊土 칠살(七殺)을 제압한다.
- 壬水가 여름에 生하였고 火旺하다면 壬水라도 어쩔 수 없이 火로 從해야 하고 만약 土旺하다면 土로 從해야 하니 이렇게 되면 조화되어 상제(相濟)의 공을 이루어 윤택하게 된다.
- 戊土와 丙火가 투출하면 辛金이 있어야 한다.

(10) 癸水

癸는 '겨울철에 土가 이미 平하니 헤아린다(揆度, 규도, 헤아릴 규)'는 뜻이다.

癸水는 오음(五陰, 乙丁己辛癸)의 으뜸이요 天干의 마지막으로 그 힘이 지극히 약하나, 마침내 하늘 끝(天津)에 도달하는 물이다.

- 癸水가 支에 辰을 만나면 氣化하여 辰 가운데 암장된 癸水 원신(原神)이 투출된 것이므로, 비록 火土 財官을 만나도 나쁘지 않다.
- 癸水는 戊土를 만나면 合하여 火가 되니, 여름철에 丙丁火가 투출하였다면 진정한 合化格이 된다.
- 癸水가 亥子에 통근하면 壬水와 같이 江河로 본다.
- 癸水는 윤토양금(潤土養金, 土를 윤택하게 하고 金을 생함)한다.
- 癸水는 火土를 많이 만나면 從해 버린다. 따라서 火土를 무서워하지 않는다.
- 癸水는 庚辛金을 설기시킬 수 없으니, 金이 많으면 탁수(濁水)가 된다.

18. 십이지지(十二地支)

(1) 子丑

子丑二位는 음양이 처음 잉태하는 것이니 사람에 있어 부인이 잉태함과 같다. 만물이 심장(深藏)하여 뿌리에 기운이 뭉쳐있어 아직 겉으로 일어날 기미가 없다.

1) 子水(一陽)

子는 잉태한다는 뜻이다. 양기가 처음으로 밑에서부터 움튼다. 子는 음기가 지극한 자리로 그윽하게 침잠되어 어두운 곳에 숨으니, 쥐(鼠)가 자취를 감추는 것과 같다.

子水는 본래 陽支이나 子中에 있는 정기(正氣)가 癸水이므로, 天干을 위주로 하여 六神 표출법상 陰水로 본다. 子의 자리는 正北이요 괘(卦)로는 감괘(坎卦)가 된다. 子는 오행이 水이니 그 빛은 검고 1년중 11월을 사령(司令)하며, 십이지 가운데 첫 번째요 짐승에 비유하면 쥐가 된다.

子는 申과 辰을 만나면 三合하여 水로 化하고, 丑을 만나면 子丑이 六合하여 오행은 土가 된다.

2) 丑土(二陽)

丑은 묶는다는 뜻이다. 한기(寒氣)가 이미 굴복하여 구부린다는 것이다.

丑土는 음토(陰土)로 丑中에 癸水를 간직하고 있으므로 습토(濕

土)라 하고, 12월 가장 추운 때이므로 동토(凍土)라 한다. 丑은 亥子와 더불어 北方에 속하는데 괘상(卦象)으로는 간괘(艮卦)에 속하고 十二支 가운데 두 번째이며 짐승으로는 소에 비유된다.

丑은 巳와 酉를 만나면 三合하여 오행은 金으로 化하니 이유는 丑中辛金, 巳中庚金, 酉中辛金이 있어 金의 合이기도 하다. 丑은 子와 支合을 이루어 오행은 土가 된다. 그리고 丑은 金의 고(庫) 또는 묘(墓) 또는 장(葬)이라 한다.

(2) 寅卯

寅卯二位는 음양이 점차 열리는 것이니 사람이 성장함과 같다. 껍질을 떠뜨리고 싹이 나옴과 같다.

1) 寅木(三陽)

寅은 종지뼈이다. 양기가 나오려고 하니, 음기가 아직도 힘이 있어 기운이 뭉친 모양이다. 寅은 삼양(三陽)이니 양기가 강하면 난폭하다. 따라서 호랑이로 비유한다. 호랑이의 성정이 난폭하기 때문이다.

寅木은 陽木이고 절기로는 正月의 초봄이며, 십이지 가운데 세 번째로 짐승은 범(호랑이)에 비유된다. 寅은 亥와 지합을 이루어 오행은 木이 되고, 申을 만나면 서로 沖한다.

2) 卯木(四陽)

卯는 무릅쓴다는 뜻이다. 땅에서 싹이 솟아 나오는 것이다.

乙木은 陰木으로 地支순번은 네 번째요 방위는 正東이요 괘상(卦象)으로는 진괘(震卦)가 된다. 절기로는 중춘(仲春)인 二月이고 짐승은 토끼에 비유된다. 卯는 木의 왕궁(旺宮)이요, 酉를 만나면 서로 沖하고 子와는 서로 刑한다.

(3) 辰巳

辰巳二位는 음양의 기운이 왕성해지니 만물이 화창함이다. 진취하는 象이다. 辰巳는 양기가 일어나 움직이는 것이니, 용은 왕성하고 뱀은 이를 본뜬다. 그리하여 용과 뱀을 진사에 배속한 것이다.

1) 辰土(五陽)

辰土는 陽土로 삼월의 늦은 봄(季春)이다. 辰土에는 癸水의 수분이 있어 辰土를 습토(濕土)라 하며 辰을 수고(水庫) 또는 수묘(水墓) 또는 水의 고장(庫葬)이라 한다. 괘상으로는 辰巳宮이 모두 손괘(巽卦)에 속한다. 辰은 戌을 만나면 沖하고, 辰끼리 만나면 辰辰이 刑하니 이를 自刑이라 한다.

2) 巳火(六陽)

巳는 마쳤다는 뜻이다. 이미 陽氣가 다 발설된 것을 말한다. 地支陰陽法으로 본래 陰火에 속하나, 命理의 육신법(六神法)은 지(支)에 암장된 간(干)을 위주로 하므로, 巳의 正氣인 巳中丙火가 陽이니 육신법에는 陽火로 본다.

巳는 십이지 가운데 여섯 번째로 南方에 위치하고 卦象으로는 辰巳宮을 묶어 巽卦에 속한다. 巳는 절기로는 四月의 맹하(孟夏, 첫여름)로 이 때를 화왕절(火旺節)이라 하며 짐승으로는 뱀에 비유된다. 巳는 亥를 만나면 沖하고, 寅과 申을 만나면 刑하니 이를 寅巳申 三刑이라 한다.

(4) 午未

午未二位는 음양이 이미 무성하여 노출된 것이니, 만물의 형색이 완전히 갖추어졌다. 사람의 오륙십대와 같다.

1) 午火(一陰)

地支 陰陽法으로 陽火이나, 명리법의 六神을 정하는 원리는 干을 위주로 하므로 午中丁火를 취용하여 陰火로 본다.

午火는 십이지 가운데 일곱 번째요 午의 자리는 正南方에 위치하니, 괘상(卦象)으로는 이괘(離卦)가 된다. 午는 五月의 한여름 즉 중하(仲夏)이니 능히 쇠를 녹이고 물을 말리는 화왕절(火旺節)인데, 짐승으로는 午를 말에 비유한다. 午는 子와 相沖이요, 午끼리 만나면 午午가 刑하니 이를 自刑이라 한다. 午는 未와 支合을 이루나, 오행은 그대로 있다.

2) 未土(二陰)

未는 어둡다는 뜻이다. 이미 해가 중천에 이르면 기울어 그윽한 곳을 향하기 때문이다.

未土는 음토(陰土)요 조토(燥土)이니 未土에는 丁火 己土 乙木만이 암장되어 있고 한 방울의 수분이 없으므로 메마른 흙이라고 한다. 그러나 未는 木의 고묘(庫墓)이니, 능히 木의 뿌리를 박는 木分野의 흙이기도 하다.

未는 십이지 순서로 여덟 번째로 巳午와 더불어 南方에 속하고, 절기로는 6월의 늦여름(季夏)이요 괘상(卦象)으로는 坤卦(곤괘)에 속하고, 짐승은 양(羊)에 비유된다.

未는 丑을 만나면 서로 沖하고 戌丑을 만나면 丑戌未가 三刑이요, 午와 支合이요 亥卯를 만나면 亥卯未 三合이 된다.

(5) 申酉

申酉二位는 음양이 숙살(肅殺, 가을의 쌀쌀한 기운이 풀이나 나무를 말려 죽임)하니 만물이 이미 거두어 이루어진 것이다. 사람도 움츠

려 그 고요한 곳에 머문다.

1) 申金(三陰)

申은 편 것을 묶어(伸束. 펼 신, 묶을 속) 이루는 것이다. 그리하여 진지(晉志)에서 말하기를 만물의 체(體)가 모두 이루어졌다고 한다.

申金은 陽金이니 十二支 가운데서 아홉 번째요 괘상(卦象)으로 곤괘(坤卦)에 속하고, 절기로는 칠월의 맹추(孟秋, 초가을)에 해당하고 짐승은 원숭이에 비유된다.

申은 寅과 相沖이요 巳寅을 만나면 寅巳申 三刑이 되고, 또 巳와 辰을 만나면 申子辰 三合인데 申中壬水, 子中癸水, 辰中癸水가 있어 三合된 오행은 水로 化한다.

2) 酉金(四陰)

酉는 성취한다는 뜻이다. 만물이 완전히 성숙한 것이다.

酉金은 음금(陰金)으로 팔월의 중추(仲秋)이니, 이때는 金이 가장 왕성한 절기다. 십이지 가운데 열 번째로 짐승으로는 닭에 비유되고, 괘상(卦象)으로는 태괘(兌卦)에 속한다.

酉는 卯를 충극(沖剋)하고, 酉를 또 만나면 酉끼지 刑하니 이를 自刑이라 한다. 酉는 辰을 만나면 辰酉로 支合하여 金이 되고, 巳와 丑을 만나면 巳酉丑으로 三合을 이루어 金으로 화한다.

(6) 戌亥

戌亥二位는 음양이 이미 막히어 만물의 기운이 뿌리로 돌아가니 사람도 당연히 휴식하고 근본으로 돌아갈 때이다.

1) 戌土(五陰)

戌은 멸한다는 뜻이다. 만물이 이미 다한 것이다.

戌土는 陽土인데 火의 庫葬이다. 절기로는 늦가을(季秋)이고 괘상(卦象)은 건괘(乾卦)에 속한다. 戌土는 火를 간직한 土이므로 戌을 조토(燥土)라 한다. 십이지 중 열한 번째로 짐승으로는 개에 비유된다.

戌과 辰은 서로 沖하고, 未와 丑을 보면 丑戌未가 三刑이요 卯와는 지합을 이루어 오행은 火가 된다. 戌은 寅午와 寅午戌 三合하여 火로 化한다.

2) 亥水(六陰)

亥는 씨다. 만물이 깊이 수장(收藏)된 것이니 견고한 씨와 같다.

亥水는 地支 음양법으로 陰水이나 六神을 표출함에는 陽水로 쓰니, 그 이유는 亥中壬水를 위주로 하여 壬水가 陽水가 되기 때문이다. 亥水는 절기로는 十月의 초겨울(孟冬)이고 卦象으로는 戌亥가 모두 乾卦에 속하며, 짐승은 돼지에 비유된다.

亥는 巳와 相沖이요, 亥끼리 만나면 刑하니 이를 自刑이라 한다. 寅을 만나면 寅亥로 支合하여 木이 되고, 卯와 未가 있으면 亥卯未로 三合을 이루어 木이 된다.

19. 육십갑자(六十甲子) 일주(日柱)의 특성 요약

(1) 日干이 甲인 경우

甲木은 하늘을 향해 쭉쭉 뻗은 거목(巨木)의 기운이 있다. 그래서 일간이 甲木이면 곧고 강직하고 의연(毅然)한 성정이 있다.

1) 甲子

甲木과 子水로 쌍(雙)이 지어져, 일주 자체적으로 水生木 相生이 된다. 배우자궁인 日支의 水는 정인으로 어머니 같은 자애로움과 지혜가 있다. 또한 甲子는 敬神일주라고 하여 영적인 신비력이 있다고도 한다.

2) 甲戌

甲木과 戌土로 쌍(雙)이 지어져, 일주 자체적으로는 木剋土 相剋이 된다. 배우자궁인 日支의 戌은 천문성으로 신비적 영감이 있다. 과감하고 결단력이 있으나, 조급한 성격이다.

3) 甲申

甲木과 申金으로 쌍(雙)이 지어져, 일주 자체적으로는 金剋木 相剋이 된다. 배우자궁인 日支의 申은 편관으로 두뇌가 총명하고 상황판단이 빠르지만, 허세를 부리고 싸움을 좋아한다. 배우자의 바가지가 심할 수 있다.

4) 甲午

甲木과 午火로 쌍(雙)이 지어져, 일주 자체적으로 木生火 相生이 된다. 배우자궁인 日支의 午는 상관으로 총명하고 사교성이 있다. 그러나 오만하여 남을 깔보는 성향이 있으며 호색하고 애정관계가 복잡할 수 있다.

5) 甲辰

甲木과 진토로 쌍(雙)이 지어져, 일주 자체적으로는 木剋土 相剋이 된다. 배우자궁인 日支의 辰은 편재로 사교성이 있으며, 임기응변에 능하여 상황대처가 빠르다. 그러나 일확천금을 바라고 투기, 도박과 주색을 즐기는 경향이 있다.

6) 甲寅

甲木과 寅木으로 쌍(雙)이 지어져, 일주 자체적으로 일간이 강화된다. 日支의 寅은 비견으로 주관이 뚜렷하고 고집이 세다. 일주의 干支가 같은 오행으로 구성된 간지동(干支同)이라, 부부가 힘을 합쳐 시련을 극복해 나가는 형국이나, 서로가 부딪히면 답답할 때가 많다.

(2) 日干이 乙인 경우

乙木은 甲木처럼 굳고 단단한 나무가 아니라, 바야흐로 싹이 터서 자라는 과정의 나무다. 乙木은 초목이니 乙木 日干은 유약(柔弱)하고 여성적인 성정을 가지고 있으며, 친절하고 싹싹하다. 문화 예술계 방면에 뛰어난 재능이 있다.

1) 乙丑

乙木과 丑土로 쌍(雙)이 지어져, 일주 자체적으로는 木剋土 相剋이 된다. 배우자궁인 日支의 丑土는 편재로, 인정이 많고 요령이 좋아 협상을 잘한다. 낭비벽이 있고 질투, 시기가 많다.

2) 乙亥

乙木과 亥水로 쌍(雙)이 지어져, 일주 자체적으로 水生木 相生이 된다. 배우자궁인 日支의 亥는 정인으로 자비심이 있고 지혜와 지모(智謀)가 있다. 학문을 좋아하고 문장력이 있으며 예의바르다. 그러나 적극성이 부족하고 수동적인 편이며, 국내외 여행이 잦을 수 있다.

3) 乙酉

乙木과 酉金으로 쌍(雙)이 지어져, 일주 자체적으로는 金剋木 相

剋이 된다. 배우자궁인 日支의 酉는 편관으로 두뇌가 총명하고 봉사정신이 있다. 성격이 조급하고 거리낌이 없이 행동한다. 배우자의 바가지가 심하다.

4) 乙未

乙木과 未土로 쌍(雙)이 지어져, 일주 자체적으로는 木剋土 相剋이 된다. 배우자궁인 日支의 未는 편재로 통이 크고 사교성이 좋으나, 성급하고 즉흥적인 결정을 내린다.

5) 乙巳

乙木과 巳火로 쌍(雙)이 지어져, 일주 자체적으로 木生火 相生이 된다. 배우자궁인 日支의 巳는 상관으로 창의력이 뛰어나고 문화 예술 연예계통에 재주가 많다. 말을 조리 있게 잘하고 포부가 크다. 남비판을 잘하고 반론 제기도 잘한다.

6) 乙卯

乙木과 卯木으로 쌍(雙)이 지어져, 일주 자체적으로 일간이 강화된다. 배우자궁인 日支의 卯는 비견으로, 시련이 닥치면 부부가 합심하여 흔들림 없이 헤쳐나갈 수 있다. 주체성이 강하나, 속 고집이 세어 외롭다. 때로는 독선적이기도 하여 의견이 충돌하면 부부화합이 어렵다.

(3) 日干이 丙인 경우

丙火 일간은 태양의 빛으로 밝고 명랑하며 봉사하는 성정이 있다.

1) 丙寅

丙火와 寅木으로 쌍(雙)이 지어져, 일주 자체적으로 木生火 相生

이 된다. 배우자궁인 日支의 寅은 丙火의 장생(長生)으로, 배우자가 명주에게 큰 힘이 된다. 그러나 하는 일마다 변동이 많고, 용두사미격으로 막힐 수도 있다.

2) 丙子

丙火와 子水로 쌍(雙)이 지어져, 일주 자체적으로는 水剋火 相剋이 된다. 배우자궁인 日支의 子는 정관으로 명예와 대의명분을 중시한다. 국내외 여행이 잦고 관재수가 있으며 여자로 인해 어려움을 겪을 수 있다.

3) 丙戌

丙火와 戌土로 쌍(雙)이 지어져, 일주 자체적으로 火生土 相生이 된다. 배우자궁인 日支의 戌은 식신으로 융화가 잘 되어 대인관계가 좋다. 의타심이 있으며 게으르다. 놀기를 좋아하고 호색하는 성향도 있다. 일지 지장간에 財星인 辛金이 있어 땅에 돈을 묻어 두었다.

4) 丙申

丙火와 申金으로 쌍(雙)이 지어져, 일주 자체적으로는 火剋金 相剋이 된다. 日支의 申은 편재로 임기응변에 능하고 사교성이 좋으나, 부부궁은 가정불화가 심할 수 있다. 남자의 경우 일지 편재가 역마살이라, 밖으로 돌아다니다가 婚外 자식을 둘 수도 있다.

5) 丙午

丙火와 午火로 쌍(雙)이 지어져, 일주 자체적으로 일간이 강화된다. 배우자궁인 日支의 午는 양인으로 약자를 돕고 강자에 저항하는 의협심이 있지만, 잔인하고 폭력적인 성향도 보인다. 의처증이 있고 가정불화가 잦을 수 있다.

6) 丙辰

丙火와 辰土로 쌍(雙)이 지어져, 일주 자체적으로 火生土 相生이 된다. 배우자궁인 日支의 辰은 식신으로 먹을 복이 있으며, 대인관계가 좋다. 남자는 처덕이 있으나, 여자는 며느리감으로 꺼리기도 한다.

(4) 日干이 丁인 경우

일간이 丁火이면 외유내강(外柔內剛)형으로 집념과 인내심이 강하다. 어둠속에서 빛나는 별빛이고, 쇠를 제련하여 기구로 만드는 인공(人工)의 불이다.

1) 丁卯

丁火와 卯木으로 쌍(雙)이 지어져, 일주 자체적으로 木生火 相生이 된다. 배우자궁인 日支의 卯는 편인으로 학문과 예술을 좋아하나, 고독하고 영적인 감각이 있다. 부부궁은 그다지 좋지 않게 본다.

2) 丁丑

丁火와 丑土로 쌍(雙)이 지어져, 일주 자체적으로 火生土 相生이 된다. 배우자궁인 日支의 丑은 식신으로 먹을 복이 있고 낙천적이다. 도량이 크고 대인관계가 좋다. 동토 위의 불이고 어둠 속의 빛이다. 부부관계는 그다지 좋지 않게 본다.

3) 丁亥

丁火와 亥水로 쌍(雙)이 지어져, 일주 자체적으로는 水剋火 相剋이 된다. 日支의 亥는 정관으로 품행이 단정하고 명예를 중시하며, 국내외 여행이 잦다. 건명은 부부 속궁합은 좋으나, 호색하여 여자로 인해 어려움을 겪을 수 있다.

4) 丁酉

丁火와 酉金으로 쌍(雙)이 지어져, 일주 자체적으로는 火剋金 相剋이 된다. 배우자궁인 日支의 酉는 편재로 통이 크고 사교성이 좋다. 풍류를 즐기고 호색하며 주색을 밝히는 기질이 있다. 처궁의 日支 지장간에 정재와 편재가 혼잡하여 이성 관계가 복잡할 수 있다.

5) 丁未

丁火와 未土로 쌍(雙)이 지어져, 일주 자체적으로는 火生土 相生이 된다. 배우자궁인 日支의 未는 식신으로 먹을 복이 있고 큰 고생을 하지 않는다. 낙천적이며 배우자 덕을 크게 볼 수 있다.

6) 丁巳

丁火와 巳火로 쌍(雙)이 지어져, 일주 자체적으로 日干이 강화된다. 배우자궁인 日支의 巳는 겁재로 솔직하고 가식이 없으나, 고집이 세고 욕심이 있는 편이다. 의협심이 있고 야망이 크다. 간지동(干支同)이라 부부가 부딪히면 화합이 어려우므로 부부궁이 불안하다.

(5) 日干이 戊인 경우

戊土 일간은 듬직하고 중후한 성격이나, 보수적이어서 답답할 때도 있다.

1) 戊辰

戊土와 辰土로 쌍(雙)이 지어져, 일주 자체적으로 日干이 강화된다. 배우자궁인 日支의 辰은 비견으로 과묵하고 주관이 뚜렷하다. 고집이 세고 자기주장만 내세우기도 한다. 배우자궁이 합이 되므로 나쁘지는 않다.

2) 戊寅

戊土와 寅木으로 쌍(雙)이 지어져, 일주 자체적으로는 木剋土 相剋이 된다. 배우자궁인 日支의 寅은 편관으로 과묵하고 엄숙하다. 의협심과 통솔력이 있으나, 성격이 조급하고 무모한 면이 있다. 배우자의 바가지가 심하고, 부부궁이 좋지 않은 것으로 본다.

3) 戊子

戊土와 子水로 쌍(雙)이 지어져, 일주 자체적으로는 土剋水 相剋이 된다. 배우자궁인 日支의 未는 정재로 신용이 있고 성실한 노력파이나, 소심하고 인색한 면이 있다. 일지에 편재와 정재 혼잡하여 여자관계가 복잡할 수 있다.

4) 戊戌

戊土와 戌土로 쌍(雙)이 지어져, 일주 자체적으로는 日干이 강화된다. 日支의 戌이 비견으로 주체성이 강하고 고집이 센 괴강 일주이다. 일지 戌은 亥와 더불어 천문성이라 하는데, 영적인 감각이 뛰어나고 꿈이 신통하게 잘 맞기도 한다. 전통적으로 일주 괴강이면 과부살이라고도 하니, 기가 세어 부부궁은 나쁜 것으로 본다.

5) 戊申

戊土와 申金으로 쌍(雙)이 지어져, 일주 자체적으로 土生금 相生이 된다. 배우자궁인 日支의 申은 식신으로 처덕(妻德)을 볼 수 있다. 긍정적이고 넉넉하며 인간관계가 원만하다.

6) 戊午

戊土와 午火로 쌍(雙)이 지어져, 일주 자체적으로는 火生土 相生이 된다. 공사(公私)가 확실하고 일처리가 분명하나, 본인은 고독하다. 배우자궁인 日支의 午는 양인으로, 부부궁은 좋지 않게 본다.

(6) 일간이 己인 경우

己土 일간은 인정이 많고 다정다감하며 포용력이 있다.

1) 己巳

己土와 巳火로 쌍(雙)이 지어져, 일주 자체적으로는 火生土 相生이 된다. 배우자궁인 日支의 巳는 정인으로 자비심이 있고 남을 위해 희생하고 봉사하는 기질이 강하다. 배우자의 잔소리가 심한 편이다.

2) 己卯

己土와 卯木으로 쌍(雙)이 지어져, 일주 자체적으로는 木剋土 相剋이 된다. 배우자궁인 日支의 卯는 편관으로 총명하고 의협심이 있다. 그러나 조급한 성격에 무모하게 덤비는 기질도 있다. 배우자의 바가지가 심하고, 관살혼잡으로 부부 운이 안 좋으며 남자관계가 복잡할 수 있다.

3) 己丑

己土와 丑土로 쌍(雙)이 지어져, 일주 자체적으로 日干이 강화된다. 배우자궁인 日支의 丑은 비견으로 자존심이 강하고 고집이 세다. 부부관계는 좋지 않은 편이다. 日支 丑土가 물의 庫地이고 지장간에 재성인 水가 있어 돈을 땅에 묻어 둔다.

4) 己亥

己土와 亥水로 쌍(雙)이 지어져, 일주 자체적으로는 土剋水 相剋이 된다. 배우자궁인 日支의 亥는 정재로 근면 검소한 실용주의자이다. 일지 亥는 戌과 더불어 천문성이라 하는데, 영적인 감각이 뛰어나고 꿈이 신통하게 잘 맞기도 한다. 재다신약(財多身弱)이면 공처가로 본다.

5) 己酉

己土와 酉金이 쌍(雙)이 지어져, 일주 자체적으로 土生金 相生이 된다. 배우자궁인 日支의 酉는 식신으로 먹을 복을 가지고 태어났으며, 도량이 크고 남에게 잘 베푼다. 처덕이 있다고 본다.

6) 己未

己土와 未土로 쌍(雙)이 지어져, 일주 자체적으로 日干이 강화된다. 日支의 未는 비견으로 주관이 뚜렷하고 고집이 세다. 배우자궁과 오행이 같은 간지동(干支同)이며, 지장간에 편관이 있어 부부관계가 좋지 않은 것으로 본다.

(7) 일간이 庚인 경우

庚金 일간은 의지가 굳고 적극적이며 의롭다.

1) 庚午

庚金과 午火로 쌍(雙)이 지어져, 일주 자체적으로는 火剋金 相剋이 된다. 배우자궁인 日支의 午가 명주를 제련하는 형국이다. 일지 지장간에 편관과 정관이 있어 관살혼잡되니, 부부관계가 좋지 못하다고 본다.

2) 庚辰

庚金과 辰土로 쌍(雙)이 지어져, 일주 자체적으로 土生金 相生이 된다. 日支의 土는 편인으로 영적인 감각이 강하며, 종교적 색채도 있다. 괴강 일주로 기가 세어 부부궁이 좋지 않고 이사, 이혼 등 변동이 많을 수 있다. 日支 辰土 庫地에 乙木 재성이 있어 땅속에 돈을 묻어 두고 있다.

3) 庚寅

庚金과 寅木으로 쌍(雙)이 지어져, 일주 자체적으로는 金剋木 相剋이 된다. 타협을 모르고 직선적인 경향이 있어 외롭고 힘들다. 日支의 寅은 편재로 풍류를 즐기고 호색하여 주색을 밝히는 경향이 있다. 일지의 편재는 역마지살로 집 밖을 떠돌아다니고, 지장간에 편관이 있으니 婚外子를 둘 수 있다.

4) 庚子

庚金과 子水로 쌍(雙)이 지어져, 일주 자체적으로 金生水 相生이 된다. 배우자궁인 日支의 子는 상관으로 총명하고 창의력이 있으며, 말을 조리 있게 잘한다. 실언망언을 하여 시비구설과 송사가 많을 수 있다. 사주에 水가 많으면 호색하여 애정 관계가 복잡하다.

5) 庚戌

庚金과 戌土로 쌍(雙)이 지어져, 일주 자체적으로 土生金 相生이 된다. 배우자궁인 日支의 戌은 편인으로 호기심이 많고 직관력이 있다. 일주는 괴강이며 일지는 편인 천문성이라, 기세가 매우 강하고 예리하며 영적인 감각이 탁월하다. 직장이동, 이사, 이혼 등 변동이 많고, 여자는 며느리감으로 꺼리기도 하므로 부부궁은 좋지 않다고 본다.

6) 庚申

庚金과 申金으로 쌍(雙)이 지어져, 일주 자체적으로 일간이 강화된다. 배우자궁인 日支의 申은 비견으로 고집이 세고 독선적이며 안하무인이기 쉽다. 오행이 간지동(干支同)이라, 부부궁이 매우 좋지 않다고 본다. 사주에 반드시 성정을 다스릴 수 있는 丁火를 갖추어야 한다.

(8) 일간이 辛인 경우

辛金 일간은 인간생활 속의 보석과 같은 것으로 청윤(淸潤)하며 섬세하고 예리하다.

1) 辛未

申金과 未土로 쌍(雙)이 지어져, 일주 자체적으로 土生金 相生이 된다. 배우자궁인 日支의 未는 편인으로, 지장간에 丁火가 명주를 剋하여 부부궁은 좋지 않다. 庫地인 未土의 지장간 乙木은 재성으로 땅에 돈을 묻어 둔 격이다. 남자는 사주로 인해 혼인에 애로가 있을 수 있다.

2) 辛巳

申金과 巳火로 쌍(雙)이 지어져, 일주 자체적으로는 火剋金 相剋이 된다. 배우자궁인 日支의 火는 정관으로 품행이 단정하고 명예를 중시하며 공평무사하다. 관재수가 있을 수 있고, 여자로 인해 어려움을 겪을 수 있다.

3) 辛卯

申金과 卯木으로 쌍(雙)이 지어져, 일주 자체적으로는 金剋木 相剋이 된다. 고집이 세고 직선적이며 예리하다. 남자는 호색의 기질이 있으며, 배우자궁의 지장간에 정재와 편재가 혼잡하여 이성 관계가 복잡할 수 있다.

4) 辛丑

申金과 丑土로 쌍(雙)이 지어져, 일주 자체적으로 土生金 相生이 된다. 대쪽같은 성격으로 냉정하며 융통성이 없는 편이다. 배우자궁에 차가운 동토(凍土)인 丑土가 있으므로, 부부궁은 좋지 않은 것으로 본다. 얼어붙은 辛金 일간을 丁火로 따뜻하게 녹여 주어야 좋다.

5) 辛亥

辛金과 亥水로 쌍(雙)이 지어져, 일주 자체적으로 金生水 相生이 된다. 日支의 亥는 상관으로 사교성이 있고, 언변이 뛰어나며 화려한 것을 좋아한다. 辛金 보석을 배우자궁의 壬水가 빛나게 해주니 외모가 좋으나, 사주 내에 水가 많으면 호색하여 애정 관계가 복잡하다.

6) 辛酉

申金과 酉金으로 쌍(雙)이 지어져, 일주 자체적으로 日干이 강화된다. 日支의 酉는 비견으로 성격이 까칠하고 매우 섬세하며, 독선적인 면이 강하다. 의료계에 적성이 있다. 배우자궁과 간지동(干支同)으로 부부 사이에 의견이 맞을 때는 더할 나위 없이 좋으나, 불일치하면 화합이 힘들다.

(9) 일간이 壬인 경우

壬水 日干은 포용력이 있고 정열적인 기질이 있다.

1) 壬申

壬水와 申金으로 쌍(雙)이 지어져, 일주 자체적으로 金生水 相生이 된다. 壬水가 申金 長生을 만났으니, 그 기세가 강중지덕(剛中之德)으로 배우자가 큰 도움이 된다. 명주 壬水 또한 배우자궁의 申金을 빛나게 하므로, 좋은 배우자감이 되어 서로 相生관계이다.

2) 壬午

壬水와 午火로 쌍(雙)이 지어져, 일주 자체적으로는 水剋火 相剋

이 된다. 일간은 물이요, 일지는 불로 이루어져 끓는 물이니, 매우 조급하고 피곤한 성격이다. 일지 지장간의 丁火와 暗合으로 속궁합은 좋으나, 정재와 편재가 혼잡하여 부부궁이 복잡하다. 재다신약(財多身弱)이면 공처가라고도 한다.

3) 壬辰

壬水와 辰土로 쌍(雙)이 지어져, 일주 자체적으로 土剋水 相剋이 되어 보이나, 辰은 壬水의 고장(庫葬)으로 剋이 힘들다. 日支의 辰은 편관으로 통이 크고 의협심이 있으나, 무모하고 허세를 부리기도 한다. 편관 괴강으로 배우자의 바가지가 매우 심하여, 부부궁이 좋지 않다고 한다.

4) 壬寅

壬水와 寅木으로 쌍(雙)이 지어져, 일주 자체적으로 水生木 相生이 된다. 日支의 寅은 식신으로 먹을 복이 있고 신체가 풍만한 사람이 많다. 자존심이 매우 강하고 고집이 세어, 남 밑에서 일하기 힘들다. 식신이 재성을 生하므로 처덕이 있다.

5) 壬子

壬水와 子水로 쌍(雙)이 지어져, 일주 자체적으로 일간이 강화된다. 거침없이 밀어붙이는 드센 물살로 일처리가 시원시원하나, 자기중심적이며 주색을 즐기는 경향이 있다. 배우자궁인 日支의 子는 羊刃으로 의처증이 있거나, 폭력적일 수도 있다. 부부궁은 좋지 않다고 한다.

6) 壬戌

壬水와 戌土로 쌍(雙)이 지어져, 일주 자체적으로는 土剋水 相剋이 된다. 日支의 戌은 편관, 천문성으로 의협심은 있으나, 성격이 매우 예리하고 사나운 편이다. 괴강이 있어 그 기세가 더욱 격하다. 戌

土에 丁火 정재가 있어 땅에 돈을 묻어 둔 격이다. 사주상으로 사위감으로 꺼리기가 쉽다. 부부 운은 좋지 않은 것은 본다.

(10) 일간이 癸인 경우

癸水 일간은 온화하고 다정하지만 유약(柔弱)하다.

1) 癸酉

癸水와 酉金으로 쌍(雙)이 지어져, 일주 자체적으로 金生水 相生이 된다. 섬세하고 정확하며 날카로운 기세를 가지고 있다. 日支의 酉는 편인으로 자존심이 강하고 영적인 감각이 있으며, 직장이동이나 이사, 이혼 등 변동이 많을 수 있다. 배우자가 있어야 할 자리에 계모가 들어 앉아 부부 사이를 방해하니, 부부궁은 좋지 않은 것으로 본다.

2) 癸未

癸水와 未土로 쌍(雙)이 지어져, 일주 자체적으로는 土剋水 相剋이 된다. 日支의 未는 편관으로 성격이 조급하고 까탈스럽다. 배우자의 바가지가 심하고, 밖에 婚外子를 둘 수 있다. 부부궁은 좋지 않은 편이다.

3) 癸巳

癸水와 巳火로 쌍(雙)이 지어져, 일주 자체적으로는 水剋火 相剋이 된다. 日支의 巳는 정재로 정직하고 근면검소하다. 그러나 일지의 火로 유약한 일간의 水를 剋하니, 성격이 소심하고 매우 까탈스러워서 피곤하다. 곤명(坤命)은 일지의 지장간 戊土로 배우자와 合이 되며, 연애를 잘한다. 재다신약(財多身弱)이면 공처가이기 쉽다.

4) 癸卯

癸水와 卯木으로 쌍(雙)이 지어져, 일주 자체적으로 水生木 相生이 된다. 日支의 卯는 식신으로 도량이 크고 낙천적이며, 외모가 멋있고 귀해 보인다. 식신이 財를 生하므로 처덕이 있다고 본다.

5) 癸丑

癸水와 丑土로 쌍(雙)이 지어져, 일주 자체적으로 土剋水 相剋이 되어 보이나, 丑의 水氣로 인해 剋이 힘들다. 배우자궁인 日支의 丑은 편관으로 총명하고 상황판단이 빠르나, 성격이 조급하고 사나운 면이 있다.

6) 癸亥

癸水와 亥水로 쌍(雙)이 지어져, 일주 자체적으로 日干이 강화된다. 배우자궁인 日支의 亥는 겁재로 사교성이 있으며, 사주 내에 칠살이 있으면 命主가 이름을 떨치는 데 큰 도움을 준다. 일주에 간지동(干支同)으로 부부가 의기투합이 될 때는 좋으나, 의견이 상충하면 화합이 힘들다. 특히 겁재의 氣가 드세면 剋妻, 剋夫하기도 하여 부부궁이 좋지 않다고 본다.

20. 속성(屬性)과 신살(神殺), 육신(六神) 등 요약정리

(1) 신살(神殺) 보는 법

전통적으로 내려오는 '神殺 보는 법'을 정리해 본다. 오늘날은 신살 무용론, 공망 무용론이 제기되고 있음은 입문 1부에서 이미 설명한 바 있다.

- 신살은 귀격사주에서는 화살위권(化殺爲權)이 되고, 천격사주에서는 재앙이 된다고 한다. 사주가 좋으면 신살(특히 흉살)이 잘 안 맞고, 사주가 나쁘고 탁하면 신살(특히 흉살)이 잘 맞는다고도 한다.
- 사주 네 기둥의 각 기둥에 길신(吉神)과 흉살(凶殺)이 같이 있으면, 어느 쪽이 많은지 살펴본다. 당연히 길신이 많으면 좋고, 흉살이 많으면 나쁘다. 천을귀인, 천덕·월덕 귀인이 있으면, 흉살이 무력화된다고 본다.
- 흉살은 형, 충, 파, 해(刑, 沖, 破, 害)를 좋아하고 합(合)을 싫어한다. 흉살이 合이 되면 凶한 역할을 하지 못하나, 刑, 沖, 破, 害가 되면 흉폭한 작용을 한다. 특히 양인, 괴강, 백호살은 强神이니, 刑, 沖, 破, 害가 되면 凶하다고 본다.
- 공망은 길신이든 흉살이든 모두 무력화시킨다고 한다.
- 合, 刑, 沖, 破, 害가 있으면 공망을 공망으로 보지 않는다. 즉 흉살이 공망되면 吉한데, 合이 있으면 공망이 아니니 흉작용을 한다.
- 사주에 같은 종류의 신살이 여러 개 겹칠 때 길흉이 확실하다고 한다.

이상에서 전통적인 '신살 보는 법'을 살펴보았다. 그러나 사주의 길흉은 신살만 가지고 판단해서는 안 되고, 격국 등 사주의 다른 모든 구성요소를 종합하여 판단하여야 함은 물론이다.

(2) 속성(屬性)과 신살(神殺) 등 요약정리

1) 귀성(貴星), 길신(吉神)

정관희신운, 칠살제압운, 천을귀인, 천월덕귀인, 갑기합화토

2) 자비(慈悲)롭다.

정인운, 비겁, 천월덕귀인(인수 동주면 더욱 자비롭다.) 천의성

3) 권위(權威), 권세(權勢), 위엄(威嚴) 등

칠살, 양인, 장성, 괴강, 乙庚合化金, 丙辛合化水

4) 복록(福祿)

식신, 천월덕귀인, 건록, 금여록, 암록, 공록, 교록, 협록

5) 학문, 문장

문창성, 학당귀인, 문곡귀인, 관귀학관, 괴강

6) 문화, 예술, 연예

상관투출, 편인, 화개살, 도화살

7) 이동, 변동

年支沖, 月支沖, 역마살, 지살

8) 육친무덕(六親無德), 고독하다.

비겁태왕, 六害殺, 戊癸合化火, 相沖(년월일지), 破害원진

9) 배우자덕(配偶者德)이 없다.

日時양인, 일지충, 고신살, 과숙살, 음양착살, 여명에 고란살

10) 사고, 관재수(官災數)

상관三刑, 정관刑沖, 겁살, 재살, 천살, 망신살, 암금적살, 낙정관살, 상충, 양인·백호·괴강의 刑沖

11) 일이 막히고 허사가 되다.

편인기신운, 공망, 월살

12) 풍류, 호색, 사치

상관기신, 편재기신, 칠살기신, 도화살(년살), 홍염살, 반안살, 丁壬合化木

13) 손, 발을 다치다.

급각살, 단교관살

14) 집안에 우환이 있다.

상문, 조객

15) 배은망덕, 표독하다, 음험(陰險, 음흉하고 험악하다)하다.

丑戌未刑, 自刑, 天干길신에 地支흉신

21. 재물운(財物運)과 횡재수(橫財數)

(1) 재물운(財物運)

재성은 재물과 직접적인 관계가 있으니, 재물운을 알려면 먼저 재성의 상황이 어떠한지 살펴야 한다. 재물운은 사주에서 일간이 강하고 식상과 재성이 있어 상생작용을 하면, 재물운이 좋은 부격 사주로 본다.

- 재다신약(財多身弱)인 사주에서 힘이 센 비겁운을 만나면, 그 운에서 많은 재물을 모은다.
- 군비쟁재격 사주에서 힘이 센 재성운이나 식상운(식상생재격)을 만나면, 그 운에서 재물운이 좋다.

- 식상이나 재성이 희신이고 운에서 만나면, 그 운에서 재물운이 좋다.
- 신왕재왕(身旺財旺)인 사주는 일생 재물이 넉넉하다.
- 身旺인 사주에 재성이 좀 미약하더라도, 가까이에 식상이 있어 식상생재격(食傷生財格)을 놓으면 재물운이 좋다.
- 身旺하여 財를 감당할 수 있는 경우, 財가 三合局을 이루면 부자가 되는 사주이다.

(2) 횡재수(橫財數)

- 일간과 용신이 간합(干合)하여 나온 오행이 재성이 되고, 년운(年運)에서 또 일간과 간합(干合)하여 나온 오행이 재성이면 횡재수가 있다.
- 身旺사주에 용신인 재성이 힘세게 들어오는 년, 월, 일에 횡재수가 있다.

22. 직업(職業)

사주학상으로 명주(命主, 사주의 주인공, 본인)의 직업은 격국과 용신과 성격에 모두 부합하는 것이 가장 좋다. 이런 직업을 가져야 즐거운 마음으로 일을 편하게 할 수 있다.

(1) 오행과 직업

직업의 큰 줄기는 먼저 오행으로 잡는다. 그런 다음에 격국, 용신 등으로 구체적인 직업을 정하는 것이 순서이다. 격국이 뚜렷하고 용신이 힘이 있는 사주는 직장 이동이 적고, 반면 격국이 뚜렷하지 않거나 용신이 약한 사주는 직장 이동이 많은 것으로 본다.

1) 문과, 예능 계통
- 水木이 왕성한 사주
- 木生火 水生木 金生水 相生 사주
- 식상이 水木이고 천간에 식상이 투출한 사주
- 인성과 식상이 힘이 있고, 재관은 약한 사주

2) 이과, 기술 계통
- 火土金이 왕성한 사주
- 火生土 土生金 相生 사주
- 식상이 火土金이고 천간에 식상이 투출한 사주

3) 오행별 직업
- 木 : 목재업, 가구업, 제지업, 출판업, 화원, 원예업, 종묘업, 식목업, 농장 등
- 火 : 태양광업, 제철업, 주물업, 용접, 전기업, 전자업, 조명기구업, 통신업 등
- 土 : 부동산업, 광산업, 건축업, 토목업, 골재업, 농업, 축산업, 과수원 등
- 金 : 광공업, 철강업, 기계업, 중장비정비업, 보석상, 금속가공업 등
- 水 : 교통관광업, 해운업, 수산업, 음료수업, 주류업, 목욕업 등

(2) 격국으로 본 직업

1) 식신격

식신생재격은 의식주 관련 사업이나 제조업이 맞다. 요식업이나 소개업도 좋다.

2) 상관격

예능이나 방송, 연예계통이 좋다. 발명, 개발 등 연구직도 잘 맞는다. 말을 조리 있게 잘 하므로 평론가, 언론인, 교사, 강사, 변호사 등도 맞다고 본다.

3) 편재격

일확천금을 노리는 투기적 성향이 강하니 증권, 복권 등 투기업종이 맞다. 대부, 사채업 등 금융업도 맞다. 무역업, 운송업 등도 좋다.

4) 정재격

회사원, 은행원 등 봉급생활이 맞다. 투기적인 일이 아닌 일반적인 사업이 맞다. 회사의 경리 등 안정적인 일이라면 정재격이 맞다.

5) 편관격

형관이나 사법계통 일이 맞다. 감찰이나 경찰, 군인계통도 맞다. 언론인, 정치인도 편관격의 직업이다.

6) 정관격

일반 행정직 공무원이나 법조인, 회사원 등이 맞다. 내근 사무직에 인연이 있다.

7) 편인격

역술인, 종교인, 언론인, 작가 등이 맞다. 틀에 얽매이지 않는 자유직종이 맞다.

8) 정인격

학자나 교육계통이 맞다. 자선사업, 육영사업도 좋다.

(3) 직업군(職業群)과 오행, 격국 등 종합 정리

1) 공직자

- 관성이 득령하고 沖·破·공망되지 않은 身强한 사주
- 상관격을 놓고 財가 있는 身强한 사주
- 관성이 투출하고 재성이 힘이 있어 돕는 身强한 사주
- 관인상생(官印相生) 사주
- 身强하고 정관격·편관격에 財運이 올 때
- 정관격에 인수가 투출한 경우
- 사법관 사주에는 편관격, 삼형살 등이 보인다.
- 경찰관 사주에는 편관격·양인이 있고, 刑·沖·破·害가 보인다.
- 군인은 사주에 金이 많고, 초년대운에 火運이 올 때
- 合化格의 진격은 고위공직자로 출세한다고 본다.

2) 국제기구

- 귀격 사주에 역마가 있는 경우
- 관성이 역마에 해당하는 경우
- 관성과 역마가 육합(六合)을 이루는 경우

3) 사업가, 자영업자

- 身旺財旺인 사주
- 식상생재가 잘되고 官이 약한 사주
- 金이 旺하고 木이 미약한 사주
- 財多身弱에 인수, 비겁운을 만나면 사업이 흥한다.

- 인성이 없고 비겁이 많으며, 식상, 財가 강한 경우
- 무역업은 식신역마, 火와 水가 많다.
- 水財역마지살은 운수업, 火財에 비겁역마도 운수택배업
- 木이 재성이거나 火, 土, 金이 많으면 토목업, 건축업
- 火가 재성이면 유통업, 접객업, 서비스업
- 金이 재성이면 장사
- 水가 식상 재성이면 교통관광운수업
- 火일주로 火氣가 강하고 金財水官용신이면 식당
- 편관격이고 편관이 강하며 土이면 부동산중개업

4) 학자, 교육자

- 인수가 용신이거나 인수가 旺하거나 인수격을 놓으면 학자, 교육자 사주
- 정인격에 정관이 투출하여 生하면 학자 사주
- 인수金용신이면 학자 사주
- 정인격에 식신용신이면 연구원, 교사 사주
- 식신격에 정인이 투출해도 연구원
- 식상은 강한데 편관이 약하면(制殺太過) 교사
- 상관격에 정인용신이고, 정관이나 편관이 약하면 교사

5) 예술, 연예

- 식신상관이 왕성하고 天干투출한 사주
- 화개살이 많거나 인성이 화개살인 사주
- 도화살이 있고 상관이 강하고 편인이 있으며 水氣가 많으면 연예인 사주
- 일간이 乙, 丁, 己, 辛, 癸로 일지 巳火이고 火가 투출하면, 방송, 연예, 영화 등 예능 사주

6) 活人業(의사, 종교인, 역술인)

- 土가 많고 戌, 亥천문(특히 일지 戌, 亥)이 있는 사주
- 卯字 酉字가 있는 사주
- 정인·편인격이거나, 일지가 정인·편인인 사주
- 辰戌沖이 있거나 卯酉가 있을 때 역술인
- 식신투출하여 生財하고, 일지 戌, 亥천문이면 의사
- 정재·편재격이거나 재성이 힘이 있고, 三刑이 있으면 한의사

7) 유흥업

- 水식신상관이 도화역마이면 유흥업 사주
- 여명이 상관도화이고 합(合)이 많으면 유흥업소 종사한다.
- 여명이 관살혼잡이고 水식상이 왕성하면 유흥업소 종사한다.

8) 기술자(엔지니어)

- 편인격, 상관격 사주
- 칠살이 천간에 투출되고 土金木인 사주
- 칠살이 강하고 土金이면 제조업 엔지니어 사주
- 칠살이 강하고 木이면 토목건축 엔지니어 사주
- 상관이 강하고 火土면 전기·전자기술자 사주
- 金일주에 인성이 강하고 木財星용신이면 설계엔지니어 사주

9) 회사원

- 특별히 강한 오행이 없는 사주
- 재성은 힘이 있으나, 관성이 약하거나 없는 사주
- 식상이 金이고 정재와 합(合)이 되면, 은행, 보험 등 금융업종 회사원 사주

23. 취직, 승진, 시험합격운

(1) 관성이 많고 신약이면 비겁희신운에 취직, 승진한다

(2) 직장인은 식신희신운에 승진한다.

(3) 정재·편재 희신운이 사주의 관성희신을 도우면 취직, 승진한다.

(4) 정관희신운에 사주의 겁재를 제압하면 취직, 승진한다.

(5) 편관희신운에 취직하거나 승진하고, 수험생은 시험합격운이 있다.

(7) 정인희신운에 수험생은 시험합격운이 있다.

(8) 용신운에 시험합격운이 있다.

24. 사업운(事業運)

(1) 비견희신이면 비견운에 창업이나 사업확장하면 좋다.

(2) 겁재희신, 식신희신이면 겁재운, 식신운에 동업으로 사업을 시작하면 좋다.

(3) 식신, 편재·정재, 편관·정관 희신운에는 사업이 잘 풀린다.

(4) 정인·편인 희신운에는 윗사람의 도움으로 사업이 잘 풀린다.

(5) 상관기신운에는 매출이 떨어지고 손재가 발생할 수 있다.

(6) 편인기신운, 정인기신운에는 경영난을 겪을 수 있다.

(7) 사주에 비겁이 많고 재성운을 만나면 사업이 파산할 수 있다.

(8) 사주에 비겁이 많고 비겁운을 만나면 사업이 파산할 수 있다.

(9) 사주에 재성이 많고 재성운을 만나면 사업이 파산할 수 있다.

(10) 사주에 식상이 많고 식상운을 만나면 사업이 파산할 수 있다.

(11) 기신운에 파산 가능성이 많다. 특히 기신이 대운과 년운에서 겹쳐 들어오면 파산 가능성이 높다.

(12) 기신이 용신을 刑·沖하거나 파극하면 파산할 수 있다.

(13) 재성이 刑·沖되는 운에도 파산할 수 있다.

25. 이사(移徙) 변동운(變動運)과 해외 여행운

(1) 이사(移徙) 변동운(變動運)

1) 대운, 세운이 사주 년지 월지 일지를 합·형·충(合·刑·沖)하는 운에 이사, 변동수가 있다.

2) 일지가 刑·沖되는 운에는 갑작스런 변동수가 있다.

3) 년지나 월지나 일지가 년운(年運)에서 삼합(三合)되는 운에 이사, 변동수가 있다.

4) 木일간이 왕성하고 지지에 土가 약하면 이사이동이 많다.

5) 사주에 역마가 없어도 명궁이 역마이면 해외이민을 간다.

6) 이사운은 식신, 정인운이 희신이면 좋다.

(2) 해외 여행운

1) 일간과 沖剋되고 일지와 合이 되는 년운에 해외 여행수가 있다.
2) 역마가 많으면 해외 출입이 잦을 수 있다.

26. 혼인운(婚姻運)

1) 男命, 女命 공통

- 세운천간이 희신운이고, 지지가 일지와 합(合)이 되는 해에 가장 많이 결혼한다.
- 일간이나 일지가 합(合)이 되는 해에 결혼운이 있다.
- 희신이나 용신이 되는 해에 결혼운이 있다.
- 식상년에 일주와 합(合)이 되면 결혼운이 있다.

2) 男命

- 남자는 정재편재운에 미혼자는 결혼운이 있고, 기혼자는 여자가 생긴다.
- 사주가 財多身弱으로 비겁용신인데 비견겁재운이 오면 결혼운이 있다.
- 신약(身弱)사주에 정인희신운이 오면 결혼운이 있다.
- 일지와 삼합·육합이 되는 세운, 월운에 결혼운이 있다.
- 종격사주는 대운, 세운이 모두 희신이 되는 운에 결혼운이 있다.

3) 女命

- 여명은 식신상관희신운에 결혼운이 있다.
- 상관희신운에 기혼여자는 출산한다.
- 정관편관희신운에 결혼운이 있다.
- 월지와 충되는 해에도 결혼운이 있다.
- 세운·월운(歲運·月運)이 용신 또는 희신운에 결혼운이 있다.

27. 조혼(早婚), 만혼(晩婚), 연애결혼

1) 男命

- 재성이 있고 재성운을 일찍 만나면 조혼운이 있다.
- 재성이 일지에 있거나 재성이 旺하면 조혼운이 있다.
- 비겁, 인성이 많아 身强, 身旺하면 만혼운이 있다.
- 일지가 刑·沖되고 초년대운이 불리하면 만혼운이 있다.
- 재성이 없거나 너무 많으면 만혼운이 있다.
- 일간이 정재와 干合하거나, 일지에 재성이 있고 合되거나, 일간과 暗合되면 연애결혼운이 있다.
- 재성이 旺하면 연애결혼운이 있다.
- 재성운에 일지나 월지가 지합, 삼합되면 연애결혼운이 있다.

2) 女命

- 관살이 있고 관살운을 일찍 만나면 조혼운이 있다.

- 관살이 일지에 있거나 관살이 旺하면 조혼운이 있다.
- 合이 많으면 조혼운이 있으나 실패도 많다.
- 비겁, 인성이 많아 身强, 身旺하면 만혼운이 있다.
- 일지가 刑·沖되고 초년대운이 불리하면 만혼운이 있다.
- 사주에 관살이 없거나 너무 많으면 만혼운이 있다.
- 관살혼잡이면 만혼해야 좋다.
- 일간이 정관과 干合되거나, 일지에 관살이 있고 合되거나, 일간과 暗合되면 연애결혼운이 있다.
- 관살이 旺하면 연애결혼운이 있다.
- 식상운이나 관살운에 월지나 일지가 지합. 삼합되면 연애결혼운이 있다.

28. 가정불화, 배우자 · 이성과 이별

(1) 가정불화

- 겁재기신운에는 가정이 불화하고 다툼이 많다.
- 신약하여 편재기신운이면 가정불화가 있다.
- 정재기신운에 정인희신을 破剋하면 금전문제, 애정문제로 가정이 파탄난다.
- 정인기신운에는 가정불화, 고부갈등이 심해진다.

(2) 처와 이별(男命)

- 사주에 편재와 정재가 있는데 운에서 지합이나 삼합이 되면, 의

처증이 발생하여 그로 인하여 부부가 이별할 수 있다.

- 사주에 비겁이 많고 대운과 세운에서 같이 비겁운을 만나면, 군비쟁재가 되어 처와 생사별 할 수 있다.
- 정재기신운에는 남자는 여자문제로 고통받는다.
- 기신인 인성운을 만나면 부부이별수가 있다.
- 일지가 刑·沖되는 운에 부부이별수가 있는데, 이 때 대운과 세운에서 기신이 같이 들면 사업에 실패하여 처와의 갈등이 심해지고 이별수가 더 강해진다.

(3) 남편과 이별(女命)

- 식상기신운에 남편과 이별할 수 있다.
- 칠살(七殺)이 있는데 정관기신운이 오면 관살혼잡으로 여자는 남편을 바꿀 수 있다.
- 관살 년운을 만나고 년운의 지지가 묘지(墓地)에 들면 남편과 생사별할 수 있다.
- 편인기신운에 남편과 이별수가 있다.
- 양인운에 부부 이별수가 강하다.
- 일지가 刑·沖되는 운에 부부갈등이나 이별수가 있다.
- 기신운에는 만사 짜증이 심해져 남편과 갈등을 일으키다가 이별할 수 있다.

29. 형제 · 친구와 불화, 자녀문제

(1) 형제 · 친구와 불화

- 정재기신운에는 친구·동료와 사이가 나빠질 수 있다.
- 칠살기신운에 사주의 비겁희신을 剋하면 형제 · 친구 간에 불화한다.
- 정관기신운에 사주의 비겁희신을 剋하면 형제 간에 불화한다.

(2) 자녀문제

- 식신기신운이면 女命은 자식문제로 속을 썩인다.
- 사주에 상관이 太旺한데 상관운이 되어 時支를 沖하면, 자식을 잃을 수 있다.
- 정재기신운에 정인희신을 剋하면, 공부, 학문을 태만하여 성적이 저조하다.
- 편인기신운에는 공부를 안하고 정서불안이 된다.
- 식신희신운과 정관 · 정인희신운에 성적이 오른다.

30. 실직, 좌천, 명예실추, 불합격

(1) 사주에 상관이 있는데 겁재운에 이 상관을 도우면 정관을 剋하니, 직장을 잃거나 명예가 실추된다.
(2) 사주에 정관이 미약한데 겁재기신운이 오면 명예가 실추된다.
(3) 식신기신이 사주의 편관희신을 剋하면, 명예가 실추되거나 직장을 잃는다.
(4) 상관기신운에 관성을 剋하면, 직장인은 좌천되거나 직장을 잃는다.
(5) 정재기신운에 공직자는 좌천되거나 면직된다.

(6) 칠살기신운에 직장인은 좌천되거나 실직한다.

(7) 정관기신운에 직장인은 좌천되거나 실직한다.

(8) 편인기신운에 직장인은 좌천되거나 실직한다.

(9) 정관기신운이나 편관기신운에는 시험운이 없어 불합격한다.

31. **관재수**(官災數), **사고수**(事故數)

(1) 상관운에 三刑을 겸하면 관재수가 있다.

(2) 상관기신운에 사주의 미약한 관성을 沖하면 관재나 송사가 있다.

(3) 傷官見官사주에서 운로에서 상관운이나 정관운이 오면 관재수가 있다.

(4) 사주에 편관희신이 미약한데 식신운에 沖을 받으면, 관재나 송사가 있다.

(5) 七殺기신운에는 관재구설과 사기 등으로 법률문제가 발생한다.

(6) 정인기신운에는 재산, 문서관계일로 분쟁이나 송사가 있다.

(7) 사주가 관살혼잡인데 운로에서 정관, 편관운이 오면 관재수가 있다.

(8) 사주에 괴강이나 양인이 많은데 운로에서 이를 刑·沖하면 관재수가 있다.

(9) 群劫爭財사주인데 운로에서 비겁운이 오면 관재수가 있다.

(10) 겁재운에 刑·沖을 겸하면 사고수가 있다.

(11) 七殺기신운에 사고수가 있다.

32. 질병과 건강

질병이란 정신기혈(精神氣血)의 주체가 손상됨이 있는 것이다. 팔자간지(八字干支)와 오행생극(五行生剋)의 이치로 판단하니, 손상됨이 重한자(弱하거나 破剋된 오행)로써 판단한다. 오행간지가 태왕(太旺)하거나 불급(不及)한 것이 모두 질병이다.

오행이 중화(中和)를 이루면 질병이 없이 평생 건강하게 지낸다. 그러나 오행이 편중되거나, 상하좌우로 상극(相剋) · 상충(相沖)되거나, 지지에 기신(忌神)이 깊이 박혀있으면 잦은 질병에 시달릴 수 있다.

오행이 太旺하면 그 오행에 속한 오장육부(五臟六腑)의 실증(實症, 체력과 면역력은 있으나, 나쁜 기운이 넘치는 증세)이요, 그 오행의 剋을 받는 오장육부(五臟六腑)의 허증(虛症, 체력 · 면역력 · 저항력 · 치유력이 바닥난 상태)이다.

오행이 太弱하면 그 오행에 속한 오장육부(五臟六腑)의 허증(虛症))이요, 그 오행의 剋을 받는 오장육부(五臟六腑)의 실증(實症)이다.

사주에 病이 없는데 대운에서 病을 만나면. 病을 얻었다가 그 대운이 지나가면 저절로 낫는다고 본다.

사주가 냉(冷)하면 冷病이요, 한습(寒濕)하면 해수(咳嗽, 기침))나 호흡기 질환이요, 난조(暖燥)하면 피부병 및 열병에 걸리기 쉽다

입문 1부에서 이미 학습한 대로 木은 간과 담, 火는 심장과 소장, 土는 비장과 위장, 金은 폐와 대장, 水는 신장과 방광에 속한다. 더 잘게 나누면 甲木은 간, 乙木은 담, 丙火는 소장, 丁火는 심장, 戊土

는 위, 己土는 비장, 庚金은 대장, 辛金은 폐, 壬水는 방광, 癸水는 신장에 속한다.

木이 太旺하면 간의 實症이요, 太弱하면 虛症이다. 또 木剋土라 土에 속하는 비위가 약하게 된다.

火가 太旺하면 심장이 실열(實熱)함이요 太弱하면 허한(虛寒) 함이다. 또 火剋金이라 金에 속하는 폐가 약하게 된다.

土가 太旺하면 비장·위장의 實症(위산과다 등)이요, 太弱하면 비위가 虛症이다. 또 土剋水라 水에 속하는 신장이 약하게 된다.

金이 太旺하면 폐와 대장이 實症이요, 太弱하면 虛症이다. 또 金剋木이라 木에 속하는 간이 약하게 된다.

水가 太旺하면 신장이 실한(實寒)함이요, 太弱하면 허열(虛熱)함이다. 또 水剋火라 火에 속하는 심장이 약하게 된다.

33. 성정, 음식과 건강

(1) 성정(性情)과 건강

사람의 성정은 인체의 장부(臟腑, 오장육부)와 관련이 있으므로, 마음을 어떻게 쓰느냐에 따라 장부에도 영향을 미쳐서 건강상태가 달라질 수 있다. 오행과 장부와 성정을 정리하면 다음과 같다.

木 - 간, 담 - 怒(분노)

火 - 심장과 소장 - 喜(기쁨)

土 - 위장과 비장 - 憂思(근심, 걱정)
金 - 폐와 대장 - 悲(슬픔, 비관)
水 - 신장과 방광 - 恐驚(두려움, 놀람)

- 화를 많이 내는 사람은 木氣가 자주 발하니, 土氣가 剋을 받아 위장과 비장관련 질환이 생길 수 있다.
- 지나치게 웃고 기뻐하는 사람은 火氣가 자주 발하니, 金氣가 剋을 받아 폐와 대장에 부담을 준다.
- 생각과 근심걱정이 너무 많은 사람은 土氣가 자주 발하니, 水氣가 剋을 받아 신장과 방광에 부담을 준다.
- 슬픔과 비관이 많은 사람은 金氣가 자주 발하니, 木氣가 剋을 받아 간담관련 질환이 생길 수 있다.
- 자주 두려워하고 놀라는 사람은 水氣가 자주 발하니, 火氣가 剋을 받아 심장과 소장관련 질환이 생길 수 있다.

(2) 음식과 건강

사람이 섭취하는 음식물이 건강에 영향을 주는 것은 너무나 당연하다. 오행과 색상과 맛을 정리하면 다음과 같다.

木 - 청색 - 신맛
火 - 적색 - 쓴맛
土 - 황색 - 단맛
金 - 흰색 - 매운맛
水 - 검은 색 - 짠맛

녹색과 청색이 많은 채소류는 간에 좋고, 신맛이 나는 음식물도 간에 좋다.

빨간색과 쓴맛이 나는 음식물은 심장에 좋고, 황색과 단맛이 나는 음식물은 위장에 좋고, 흰색과 매운맛 나는 음식물은 폐에 좋고, 검은색과 짠맛이 나는 음식물은 신장에 좋다.

34. 요수(夭壽)

(1) 장수(長壽)하는 사주

- 오행이 중화(中和)를 이루고 길신(吉神)이 剋·沖을 받지 않으면 장수하는 사주이다.
- 일주가 힘이 있고 식신이 有氣하면 장수하는 사주이다.
- 일주가 힘이 있고 재성이나 관성이 有氣하면 장수하는 사주이다.
- 일주가 太弱하더라도 용신이 旺하거나, 종아, 종재, 종살격에 해당하면 장수하는 사주이다.
- 대운에서 용신이 破·剋당하지 않으면 장수한다.

(2) 단명(短命)하는 사주

- 용신이 모호하거나 미약하고, 기신이 旺해 있으면 단명사주라고 본다.
- 용신은 기반(羈絆)되고 기신은 근(根)해 있으면 단명사주라고 본다.
- 신약에 미약한 인수가 있으나, 식상재가 旺하면 단명사주라고 본다.

- 일주가 심히 약해졌는데 종아·종재·종살도 못하게 되면, 단명사주라고 본다.
- 일주가 太旺한 상태에서 식상·관살이 미약하고 인수가 있으면 단명사주라고 본다.
- 사주가 심히 한습(寒濕)하거나 난조(暖燥)하여 조후용신이 불가피한 경우 운(運)에서 더욱 한습해지거나 난조해지면 단명할 수 있다.

(3) 사람의 사망(死亡) 시기

- 용신이 파·극(破·剋)당하거나, 기신을 생부(生扶)하는 대운에 사망할 수 있다.
- 인수가 太旺하되 종인(從印)이 안 되고 財로 용신하는 경우, 인수 및 비겁운을 만나면 사망할 수 있다.
- 재다신약(財多身弱)에 비겁으로 용신한 경우, 재·관살운(財·官殺運)을 만나면 사망할 수 있다.

35. 부모운(父母運)과 형제운(兄弟運)

(1) 부모운(父母運)

부모운(父母運)은 인성의 청탁(淸濁)과 년월주(年月柱)로 판단한다. 인수가 용신 또는 희신이 되고 財에 의해 파·극(破·剋)되지 않아야 하며, 太旺하지도 않고 弱하지도 않아서 적당한 힘을 가지고 있어야 부모운이 좋다.

- 년월주 및 인수가 희신(喜神)이면 부모덕이 있고, 기신(忌神)이면 부모덕이 없는 것으로 본다.
- 초년대운이 길(吉)하면 부모덕이 있고, 초년대운이 나쁘면 부모덕이 없는 것으로 본다.
- 년주, 월주에 정관 정재 정인 등이 있고 용신 또는 희신에 해당하며, 초년대 운이 좋으면 부모덕이 있다고 본다.
- 년주와 월주가 인수와 관성이 있어 관인상생(官印相生)을 이루면 부모덕이 있다고 본다.
- 천간에 있는 인수가 용신이거나 인수로 인해 身弱을 면하면 부모덕이 있는 것으로 본다.

(2) 형제운(兄弟運)

형제운(兄弟運)은 비겁의 청탁(淸濁), 월주(月柱)로 판단한다. 비겁이 용신 또는 희신이고 관살에 의해 파 · 극(破 · 剋)되지 않아야 하며, 太旺하거나 弱하지도 않고 적당한 힘을 가지고 있으면 형제운이 좋다.

비견 · 겁재가 형제자매요, 월주를 형제궁으로 보기 때문에 월주 및 비견 · 겁재의 喜神 · 忌神으로 형제덕의 유무와 많고 적음을 판단하는 것이다.

- 비견 · 겁재가 용신 또는 희신이면 형제덕이 있고, 기신이면 형제덕이 없다고 본다.
- 비겁이 식상을 生하여 제살태과(制殺太過)하면 형제덕이 없다고 본다.
- 비견 · 겁재가 혼잡되면 이복동기가 있을 수 있다.

- 재다신약인 사주에 비겁이 있고 대운에서 비겁이 生扶되면 형제덕이 있다.
- 身旺한데 효신(梟神)을 만나고 겁재가 중후한데 관성이 없으면, 형제덕이 없다고 본다.
- 비겁이 천을귀인 천월덕 등의 吉神에 해당하면 형제가 貴히 된다.
- 살인상정을 놓은 사주는 위 누님이나 아래 누이동생의 덕을 크게 본다.
- 군비쟁재된 사주는 의가 좋지 않을 수 있다.
- 생월의 干支가 모두 겁재면 이복형제가 있을 수 있다.

36. 배우자

(1) 처궁(妻宮)

처궁(妻宮)은 財의 청탁(淸濁)과 日支로 판단한다. 財가 용신 또는 희신이 되고 沖·剋되지 않아야 하며 太旺하지도 않고 弱하지도 않아서 적당한 힘을 가지고 있어야 처궁(妻宮)이 좋다.

財가 청(淸)하려면 身旺하고 식상의 生助와 관성의 도움이 있어야 한다. 財의 청탁(淸濁)을 따지고 나서, 다음으로 日支의 길·흉신(吉·凶神) 여부, 형·충·파·해(刑·沖·破·害)여부를 본다.

- 일지식신이면 풍만하고 후덕한 처를 만나기가 쉽다.
- 월지정재이고 희신이면 부귀한 가문의 처를 만난다고 본다.
- 재성이 천을귀인이나 천덕이면 기품 있고 인자한 처를 만난다

고 본다.

- 정·편재를 막론하고 재성이 희신 또는 용신이면 처복(妻福)이 있고, 기신에 해당하면 처복(妻福)이 없다고 본다.
- 사주의 吉神이 재성과 相剋이 아니면 처궁은 비교적 무난하다고 본다.
- 재성이 많은 비겁을 만나면 처궁이 나쁘다고 본다.
- 일지의 재성이 時나 月支에 식상을 만나 生을 받으면(食傷生財) 妻福이 있다고 본다.
- 재성이 통관용신(通關用神)(식상과 관살의 勢가 대등하게 대치하고 있으면 財가 통관용신이다)이 되어주면 妻福이 있다고 본다.
- 인수용재격(印綬用財格)(인수가 너무 많아 財를 용신으로 쓰는 것) 사주는 妻福이 있다고 본다.
- 재자약살(財滋弱殺) 사주도 妻福이 있다고 본다.
- 사주에 財와 印綬가 비등하게 旺하고 관살이 없으면, 모친과 아내가 불화한다고 본다.
- 탐재괴인(貪財壞印)(身弱에 印綬용신이 불가피한데 財가 旺한 경우) 사주는 아내 때문에 낭패를 당하거나, 아내가 모친을 업신여긴다고 본다.
- 재성이 탁(濁)하고 정편재가 혼잡하여 많거나, 편재만 많으면 재혼사주라고 본다.
- 재성이 탁(濁)하고 지장간 여기, 중기에 정편재가 많거나, 일간과 암합(暗合)이 될 경우 재혼사주로 본다.
- 정재는 아내요 편재는 첩으로 보는 것이 일반적이지만, 정재·편재가 다 있다고 해서 모두 처첩을 거느리는 사주라고 판단해서는 안 된다. 정·편재가 다 있더라도 일간이 착근(着根)·녹근(祿根)하여 능히 재성을 감당할 수 있어야 처첩수라고 본다.

(2) 남편궁(男便宮)

여자의 사주는 관(官)의 청탁(淸濁)과 日支로 판단한다. 女命은 남편성(夫星)의 쇠왕(衰旺)으로 귀천을 판단하고, 격국의 청탁(淸濁)으로 현명하고 어리석음을 알 수 있다. 女命은 관성을 남편으로 보지만, 관성이 없으면 재성을 남편으로도 본다. 남편을 공경하지 않는 것은 身旺太旺하고 관성이 미약하기 때문이라고 본다.

- 여자는 정관을 정식 결혼한 남편으로 보고, 편관을 재혼한 남편 또는 정부로 본다.
- 정관 · 편관이 모두 있으면 관살혼잡이라 하여 매우 꺼리는 것이 사실이지만, 거관유살(去官留殺), 거살유관(去殺留官), 합살유관(合殺留官), 합관유살(合官留殺) 등이 이루어지면 관살혼잡으로 보지 않는다.
- 남편의 부귀빈천은 곧 자신의 부귀빈천이므로, 굳이 관성의 동태만으로 남편복(男便福)의 유무를 논할 필요는 없다고 본다.
- 용신이 식상 · 재 · 비겁 · 인수 · 관살을 막론하고 결함이 없고, 대운에서 받쳐주면 남편복(男便福)이 있는 사주로 본다.
- 일지가 용신을 生하면 남편복(男便福)이 있고, 용신을 破 · 剋하면 남편복(男便福)이 없다고 본다.
- 여자 사주에 관성이 간(干)에 있고 그 밑에 財를 깔고 앉으면 명관과마(明官跨馬)라 하는데, 남편이 영귀(榮貴)하는 상이라 하여 매우 이상적인 사주로 본다.
- 종살격은 부귀명문가의 남편을 만나 부귀를 누린다고 본다.
- 身旺하고 日支식신이 희신이고 편인이 지지에 없으면, 후덕한 남편을 만난다고 본다.
- 여자는 일주가 旺하고 관성이 미약하면 남편복(男便福)이 없다

고 본다. 일주가 旺하면 남편을 깔보는 경향이 있고, 가정의 주도권을 잡으려 한다.

- 여자는 사주 가운데 관살이 없으면 남자를 싫어하고, 결혼을 하지 않으려고 하는 것으로 본다.
- 사주가 모두 陽으로 되어 있거나(群陽八通) 陰으로만 되어 있으면, 고독한 운명으로 본다.

37. 자식궁(子息宮)

자식궁(子息宮)은 식상, 관성의 청탁(淸濁)과 시주(時柱)로 판단한다. 남자는 관살이 자식이고, 여자는 식상을 자식으로 본다. 남녀 모두 時柱를 자식궁으로 본다.

- 남자는 관살이 용신 또는 희신이면 자식복(子息福)이 있고, 기신이나 병신에 해당하면 자식복(子息福)이 없는 것으로 본다.
- 남자는 身旺에 관살도 旺하면 자식이 많다.
- 남자는 사주에 財나 관성이 있고 희신 또는 용신에 해당하면, 자식복(子息福)이 있다.
- 남자는 身弱에 財와 관살이 旺하면 자식복(子息福)이 없다고 본다.
- 남자는 식상이 太旺하여 인수로 식상을 억제하지 못하면 자식을 두기 어렵다고 본다.
- 남녀를 불문하고 時柱에 용신 또는 희신이 있으면 특히 만년에 자식복(子息福)이 있다고 본다. 그러나 時柱가 기신이면 자식 때문에 근심걱정을 많이 할 수도 있다.

- 여자는 식상이 용신 또는 희신이면 자식복(子息福)이 있고, 기신이면 자식복이 없다고 본다.
- 여자는 身旺에 식상도 旺하면 자식을 많이 둔다고 본다.
- 여자는 식상이 미약하고 인수가 太旺하면, 자식을 두기 어렵다고 본다.
- 여자는 身弱에 인수가 없고 식상만 太旺해도 자식을 두기 어렵다고 본다.
- 여자는 財와 관성이 모두 旺하면 자식이 귀히 된다.

38. 사주학(四柱學)관련 주요 서적

사주학(四柱學)은 중국 당(唐)나라 이허중(李虛中)이 최초로 연월일시(年月日時)의 육십갑자(六十甲子)로 사주(四柱)기둥을 세워, 년주(年柱)위주로 사람의 운명을 감정하면서부터 시작되었다고 전해지고 있다. 그러다가 송(宋)나라에 이르러, 년주(年柱)위주의 이허중 사주법이 서자평(徐子平)에 의하여 일간(日干)위주의 사주법으로 바뀌면서, 오늘날까지 서자평의 사주감명법이 대세로 자리잡고 있다.

사주학의 발달에 크게 영향을 미친 서적을 시대별로 정리해 본다.

(1) 수(隋)나라

소길(蕭吉)이 음양오행의 모든 책을 수집하여 '오행대의(五行大義)'를 지었다. 여기서 음양오행설의 체계가 확실이 잡히게 된다

(2) 당(唐)나라

당나라 이허중은 최초로 사주기둥을 세워, 연주위주로 사주감정을 했다고 한다. '이허중명서(李虛中命書)'가 전해지고 있다.

(3) 송(宋)나라

사주추명학(四柱推命學)의 비조(鼻祖)로 알려져 있는 서자평(徐子平)이 일간(日干)위주로 사주를 감명하여 지금까지 대세를 이루고 있다. 서자평의 학설을 후대에 종합하여 저술한 '연해자평(淵海子平)'이 사주추명학의 최고 고전이다.

(4) 명(明)나라

명나라를 건국한 주원장의 책사 유백온(劉伯溫)이 '적천수(滴天髓)'를 지었다. 또한 유백온은 장자방과 제갈공명의 기문서를 통합하여 '기문둔갑전서(奇門遁甲全書)'를 지었다. 이 시대 장남(張南)은 '명리정종(命理正宗)'을 지었고, 萬育吾는 '삼명통회(三命通會')를 지었다.

(5) 청(淸)나라

진소암(陣素菴)의 '명리약언(命理約言)', '적천수집요(滴天髓集要)'가 있고, 심효첨(沈孝瞻)의 '자평진전(子平眞詮)', 임칠초의 '적천수천미(滴天髓闡微)'. 작자미상의 '궁통보감(窮通寶鑑)'이 있다.

39. 용어(用語)정리

(1) 개운법(開運法)

사주에 따른 운명이 좋지 않다고 판단될 때, 안 좋은 운명을 좋게 바꿀 수 있는 방도를 찾는 것이 개운법(開運法)이다. 사주팔자는 이미 타고 났으니 고칠 수 없고, 대운(大運)·세운(歲運) 등 행운(行運)도 명주의 힘으로 바꿀 수 없으니 다른 방법을 모색해 보는 것이다. 보통 기도(祈禱)와 개명(改名), 이사(移徙), 부적(符籍) 등이 개운법으로 거론된다.

(2) 내정법(來情法)

역술인이 상담자를 만났을 때 상담자가 무슨 일로 여기 왔는지 그 용건을 미리 아는 방법을 내정법이라 한다. 내정법에는 주로 관상학적 방법을 많이 활용한다. 하지만 이와 같은 내정법에 대해 필자는 아무 의미가 없는 것이라고 생각한다.

의사가 환자를 만났을 때 무엇 때문에 왔는지 미리 아는 방법이 있는가? 미리 알아서 뭐가 좋은가? 의사는 환자에게 무엇 때문에 왔는지, 어디가 어떻게 얼마나 아픈지, 아픈지 얼마나 되는지 등을 꼬치꼬치 물어서 처방단계로 넘어간다. 그래야 정확한 처방이 나올 수 있는 것이다. 역술인도 마찬가지이다. 역술인은 결코 점쟁이가 아니라는 점을 항상 명심해야 한다.

(3) 자미두수(紫薇斗數)

사람이 태어난 年, 月, 日, 時를 기본 자료로 하여 130개의 성좌를 명궁(命宮), 형제자매궁(兄弟姉妹宮) 등 12궁(宮)에 배열하여 사람의 운명을 보는 방법이다. 중국 여순양이 창시하여 송(宋)대 진희이가 집대성하고 명(明)대의 나홍선과 청(淸)대의 청성도사 등이 발전시켰다.

(4) 성평회해(星平會海)

사람이 태어난 年, 月, 日, 時를 기본자료로 하여 실성(實星)과 허성(虛星)으로 구성된 많은 성좌(星座)와 干支를 활용하여 사람의 운명을 보는 방법이다. 중국 元代의 야율초재(耶律楚材)가 창시하였으며 '칠정사여' 또는 '장과성종'이라는 명칭으로도 사용된다.

(5) 단역(斷易)

주역과 십이지지에 의해 길흉(吉凶)을 판단하는 것으로, 오행역(五行易) 또는 귀곡역(鬼谷易)으로도 불린다.

(6) 육임신과(六壬神課)

간단히 육임(六壬)이라고도 한다. 점보는 날, 시각의 간지를 기본자료로 사물의 성패와 길흉(吉凶)을 판단한다. 제갈공명이 구록도인에게서 전수받아 발전시킨 점법(占法)이다.

(7) 태을신수(太乙神數)

이 역시 제갈공명이 구록도인에게서 전수받아 발전시킨 점법(占法)이다. 개인뿐만 아니라 단체, 국가 등의 운세와 길흉을 예측한다.

(8) 기문둔갑(奇門遁甲)

십천간(十天干), 구성(九星), 팔신(八神), 구궁(九宮) 등에 의해 이루어진 도판(圖板)에 따라 좋은 방향을 선택하여 길(吉)한 운을 얻는 것이다. 팔문둔갑(八門遁甲) 또는 기문학(奇門學)이라고도 하며, 제갈공명이 구록도인에게서 전수받아 발전시킨 점법(占法)이다. 제갈공명 팔진도(八陣圖)는 기문둔갑의 일부분이다.

3부

입문 3

주역(周易)

1. 주역(周易)이란 무엇인가?

주역(周易)은 우주의 변화를 음양(陰陽)이라는 거대한 두 기운의 작용으로 보는 음양의 학문이다. 즉, 음(陰)과 양(陽)이라는 상대적이면서도 상호보완적인 두 개념을 써서 우주의 모든 현상을 풀이하려는 학문이 주역이다.

주역에서는 우주의 모든 변화는 한번은 陰이 성행하고, 한번은 陽이 성행하는 과정의 반복으로 본다. 따라서 역(易)에서는 세상의 모든 일이 陰陽의 관계로 이해된다.

음양의 변화를 가장 잘 표현하는 뜻을 가지 글자가 역(易)字이다. 역(易)은 그 존재하는 형태에 따라 천역(天易), 서역(書易), 인역(人易)의 세 가지로 나뉜다. 천역(天易)은 우주대자연의 운행법칙 자체를 말하며, 이러한 운행법칙을 글로써 기록한 것이 서역(書易)이다. 그리고 이 천역과 서역을 본받아 사람이 살아가는 규범이 인역(人易)이다.

우주를 구성하고 있는 기본단위인 천지인(天地人)의 삼재(三才)는 서로 영향을 주고받으며 변화하는데, 그 과정을 64괘(卦)라는 틀 속에 넣은 것이 바로 역(易)이다. 다시 말해 자연의 이치를 64개의 괘(卦)라는 부호로 표시한 것이 역(易)이다

역경(易經)은 역(易)에 괘사(卦辭)와 효사(爻辭)를 포함한 것을 말하며, 주역(周易)은 역경에 공자의 십익(十翼)까지 포함한 것이다.

괘(卦)는 5000여 년 전 문자가 없었던 시기에 음효(--)와 양효(一) 등 부호만 그어놓은 것을 말한다. 괘사(卦辭)는 3000여 년 전 주나라

문왕이 지은 괘에 대한 해설이고, 효사(爻辭)는 문왕의 아들 주공이 384효 하나하나에 붙인 설명이다.

다시 말해 역경(易經)은 5,000여 년 전 복희씨가 그린 괘와 3000여 년 전 주나라 문왕의 괘사와 주공의 효사를 합한 것을 말한다. 특히 주역(周易)이라고 말하는 것은 문왕과 주공에 의해 완성된 주(周)나라의 역(易)이라는 의미이다.

周나라 이래로 오늘날까지 가장 널리 통용되어 왔기 때문에 易이라고 하면 주역을 뜻하게 되었으며 사서삼경(四書三經)에서 말하는 역경(易經)도 바로 이 주역을 뜻한다. 주역은 四書三經의 최고 경전으로서, 사서(四書)와 시경(詩經)·서경(書經)을 배운 후 마지막으로 배우는 유학의 궁극적인 귀착지가 된다.

2. 주역(周易)의 생성(生成)

주역(周易)은 복희씨가 5000여 년 전에 괘(卦)를 그림으로써 시작되었고, 3000여 년 전에 문왕과 주공이 괘사(卦辭)와 효사(爻辭)를 지었으며, 2000여 년 전에 공자가 십익(十翼)을 지음으로써 완성된다. 그 후 청나라 이전까지 출간된 주역에 대한 해설서가 무려 3,000여 종이 되는 등, 많은 학자들이 주역을 풀이하여 다방면으로 활용하였다.

(1) 팔괘(八卦)의 생성

5000여 년 전에 복희씨라는 성인이 천하를 다스릴 때, 위로는 하늘의 기운을 살피고 아래로는 땅의 지세를 살펴보니, 세상의 모든 것은 陰陽의 원리와 天地人 삼재(三才)로 구성되어 있다는 것을 깨닫게 되었다. 그래서 하늘을 상징해 한 획(一)을 긋고 땅을 보고 다시 한 획(一 + 一 = ⚌)을 그었으며, 하늘과 땅 사이의 만물을 보고 또 한 획(⚌ + 一 = ☰)을 그어 세상만물을 표현하는 부호로 삼았다. 삼재에는 각기 양의 기운과 음의 기운이 있으므로, 세 획으로 된 괘를 음과 양으로 조합하면 모두 여덟 가지가 나오게 되나니 이를 팔괘(八卦)라고 한다.

(2) 괘사(卦辭)와 효사(爻辭)

3000여 년 전 주나라 문왕이 괘(卦)에 대한 해설로 괘사를 지었고, 문왕의 아들 주공은 384효 하나하나에 설명을 붙여 효사를 지었다.

(3) 십익(十翼)

2000여 년 전 공자는 복희씨가 만든 괘(卦)와, 문왕·주공이 지은 괘사·효사에 열 가지 방법으로 부연설명을 함으로써 주역을 완성하였다. 주역에 열 개의 날개를 달았다 하여 십익(十翼)이라 하며, 이로써 일반인도 주역의 뜻을 보다 쉽게 알 수 있게 되었다.

3. **소성괘**(小成卦, 8**괘**)**와 대성괘**(大成卦, 64**괘**)

(1) 소성괘(小成卦, 8괘)

소성괘(小成卦)는 세 획으로 이루어진 괘, 즉 팔괘(八卦)를 말한다. 괘의 가장 기본적인 모습으로 대성괘(大成卦)를 이루는 기본단위이다. 소성괘부터 비로소 '괘(卦)'라는 명칭을 붙이게 되는데, 이는 우주의 기본단위인 天地人 三才가 모여야 성정과 형체를 가지게 되기 때문이다.

1) 태극(太極)

우주만물이 생기기 이전의 공허하고 혼돈된 상태를 태극이라 한다. 태극은 음양이 분화되기 전의 상태이며, 태극운동에 의해 비로소 음양이 분화되기 시작하여 만물이 생겨나므로 우주의 발생 근원이 된다.

2) 양효(陽爻)와 음효(陰爻)

주역에서는 세상의 모든 일과 만물의 형상을 괘(卦)라고 하는 64개의 부호를 통해서 표현한다. 언어가 만들어지기 이전에 생성된 부호이므로, 이 부호에는 많은 의미가 함축되어 있다. 64개의 부호로 모든 일을 표현하고 의미를 전달하도록 되어 있는데, 그 기본적인 구성이 양효(陽爻)와 음효(陰爻)이다.

양효(一)는 陽의 개념을 표시하기 위한 부호이고, 음효(- -)는 陰의 개념을 표시하기 위한 부호이다. 양효와 음효의 길이의 비율은 3대2로 삼천양지(參天兩地)의 표현이다.

3) 팔괘(八卦)

양효와 음효는 각기 세 효씩 모여서 한 개의 괘를 이루므로 그 조합 수가 8개이다. 즉 건(乾☰)·태(兌)·리(離)·진(震)·손(巽)·감(坎)·간(艮)·곤(坤) 등 8종류가 생기니 이를 팔괘라 부르며, 작게 이루어졌다는 뜻에서 소성괘라고도 하여, 여섯 획으로 이루어진 대성괘(64괘)와 구별된다.

4) 팔괘(八卦)의 생성순서

팔괘(八卦)가 생성되는 순서는 앙관부찰법(仰觀附察法)과 일생이

법(一生二法)의 2가지로 설명된다. 팔괘가 생성되는 순서에 따라 일건천(一乾天) · 이태택(二兌澤) · 삼리화(三離火) · 사진뢰(四震雷) · 오손풍(五巽風) · 육감수(六坎水) · 칠간산(七艮山) · 팔곤지(八坤地) 등의 번호를 붙인다.

가. 태극(太極)에서 양의(兩儀)로 분화

아직 陰과 陽이 분리되기 이전의 상태인 太極에서 陽과 陰으로 분화되어 陰의 모습(陰儀)과 陽의 모습(陽儀)의 두 모습이 생기니, 이를 양의(兩儀)라고 한다.

나. 양의(兩儀)에서 사상(四象)으로 분화

陽과 陰으로 분화된 뒤 또 나누어지는데, 陽의 모습에서 陰과 陽이 분화되고 陰의 모습에서 陰과 陽이 분화되어 네 개의 형상이 되었으니, 이를 사상(四象)이라 한다.

陽의 모습에서 또 陽으로 분화된 것을 순순한 陽의 형상이라고 해서 태양(太陽)이라 하고, 陽의 모습에서 陰으로 분화된 것은 속 성질은 陽이지만 겉모습은 陰이라고 하여 소음(小陰)이라고 한다.

마찬가지로 陰의 모습에서 陽으로 분화된 것은 속 성질은 陰이지만 겉모습은 陽이라고 하여 소양(小陽)이라 하고, 陰의 모습에서 또 陰으로 분화된 것을 순수한 陰의 형상이라고 하여 태음(太陰)이라고 한다.

다. 사상(四象)에서 팔괘(八卦)로 분화

사상에서 다시 陰과 陽이 분화된 것이 팔괘이며, 그 형상이 건(乾) · 태(兌) · 리(離) · 진(震) · 손(巽) · 감(坎) · 간(艮) · 곤(坤)이며, 생성되는 순서에 따라 건은 1, 태는 2, 리는 3, 진은 4, 손은 5,

감은 6, 간은 7, 곤은 8이라는 숫자를 붙인다.

그리하여 각 괘가 대표하는 사물과 관련지어 일건천(一乾天)·이태택(二兌澤)·삼리화(三離火)·사진뢰(四震雷)·오손풍(五巽風)·육감수(六坎水)·칠간산(七艮山)·팔곤지(八坤地)라고 하는 것이며, 이는 암기하고 있는 것이 좋다. 예컨대 이태택(二兌澤)이라고 하면, 이(二)는 팔괘 중에서 두 번째로 생성되었다는 뜻이고 태(兌)는 괘의 이름이며 택(澤)은 괘의 형상이 못(못, 늪 택(澤))이 된다는 의미이다.

5) 팔괘방위도(八卦方位圖)

복희팔괘방위도는 선천팔괘방위도라고도 하며, 팔괘가 생성순서대로 태극의 방향으로 방위에 배열된 것이다.

문왕팔괘방위도는 후천팔괘방위도라고도 하며, 실제로 사용되는 위치를 말한 것이기 때문에 주역에서 방위를 말할 때는 문왕팔괘방위를 사용한다.

방위도와는 별개로 문왕팔괘차서도(文王八卦次序圖)라는 것이 있다. 이는 아버지에 해당하는 건(乾)과 어머니에 해당하는 곤(坤)의 두 괘가 서로 교합하여 여섯 자녀를 생산하는 차례를 설명한 것이다.

(2) 대성괘(大成卦, 64괘)

세 획으로 이루어진 여덟 가지 괘(卦)를 작게 이루었다는 뜻으로 소성괘 또는 팔괘라고 하고, 소성괘가 서로 짝을 지어 여섯 획으로 이루어진 괘를 크게 이루었다는 뜻으로 대성괘라고 한다. 그 조합수가 모두 64개 이므로 64괘라고도 한다.

대성괘를 읽을 때는 먼저 괘상(卦象, 괘가 상징하는 사물)을 먼저 읽고 (상괘의 괘상을 먼저, 하괘의 괘상은 뒤에), 후에 그 괘상이 모여서 이루어진 괘의 이름을 읽는다. 화천(火天)대유괘, 풍화(風火)가인괘, 수뢰(水雷)둔괘 등으로 읽는 식이다.

음효는 육(六)으로 양효는 구(九)로 표시하고, 그 자리에 따라 初·二·三·四·五·上의 순서를 표시한다.

효(爻)에는 각기 지위와 때가 있는데, 아래에 있는 효가 낮은 신분이고 위에 있는 효가 높은 신분이다. 또 아래에 있는 효가 처음이며, 위에 있는 효가 나중이 된다. 양효는 건(乾)의 굳센 덕이 있고, 음효는 곤(坤)의 유순한 덕이 있는 것으로 본다.

괘(卦)안에서 주인처럼 중요한 역할을 하는 효를 주효(主爻)라고 한다. 소성괘의 주효는 각 소성괘의 성격을 가장 잘 나타내는 효이고, 대성괘의 주효는 대성괘를 이끌어가는 효이다. 주효(主爻)를 판별한다는 것은 괘(卦)의 속성을 잘 판별한다는 뜻이다. ① 득중한 효, ② 그 효로 인해 괘의 뜻이 성립한 효, ③ 괘에 음효가 많을 때는 양효가, ④ 괘에 양효가 많을 때는 음효가 주효일 가능성이 높다.

4. 주역(周易)의 구성체계

주역은 64괘 및 경(經)(괘사와 효사)과 전(傳)(공자의 십익)으로 구성되어 있다. 64괘 및 경(經)은 상경(上經)과 하경(下經)으로 나뉘며, 십익(十翼) 중에 단전·상전·건문언전·곤문언전은 상경과 하경의 해당되는 곳에 어루려져 있다. 경문의 해설이 아닌 계사전·설괘전·서괘전·잡괘전은 하경 뒤에 독립적으로 편제되어 있다.

주역 64괘는 상경에 30괘, 하경에 34괘로 나뉘어 있으며, 건괘와 곤괘를 제외한 나머니 62괘는 동일한 구성체계를 이루고 있다.

이 64괘에 대한 설명이 괘사이며, 괘사는 본래 '단(彖)'이라는 이름으로 불리었기 때문에 단사(彖辭) 또는 단경(彖經)이라고도 한다. 공자의 십익 중 단전(彖傳)이라고 하는 것은 문왕의 단경(괘사)에 주석을 붙였다는 뜻이다.

64괘에서 한 괘는 여섯 효로 구성되어 있으니 모두 384효가 있게 되는데, 이 384효 하나하나에 대한 설명이 주나라 주공이 지었다는 효사이다. 괘사가 괘에 대한 대강의 설명이라면, 효사는 각 효에 대한 구체적인 설명이라고 할 수 있다. 효사는 상(象)이라는 이름으로 불리었기 때문에, 공자의 십익 중 상전(象傳)이라고 하는 것은 주공의 상경(효사)에 주석을 붙였다는 뜻이다.

64괘와 괘사·효사를 합하여 역경이라고 하는데, 이에 대한 자세한 설명이 공자가 지었다는 십익이다.

십익(十翼)은 ① 단전(彖傳), ② 상전(象傳), ③ 건문언전(乾文言傳), ④ 곤문언전(坤文言傳), ⑤ 계사상전(繫辭上傳), ⑥ 계사하전(繫辭下傳), ⑦ 설괘전(說卦傳), ⑧ 서괘상전(序卦上傳) ,⑨ 서괘하전(序卦下傳), ⑩ 잡괘전(雜卦傳)을 말한다.

이중 단전·상전·건문언전·곤문언전은 상경과 하경의 해당되는 곳에 포함되어 있음은 기술한 바 있다.

5. **주역 예시문**(周易 例示文)

다음 예시문은 공자의 십익(十翼) 중 '곤문언전(坤文言傳) 제2절'

의 일부로서, 일상생활에서 많이 인용하여 사용하고 있는 구절이다.

積善之家는 必有餘慶하고 積不善之家는 必有餘殃하나니
(적선지가는 필요여경하고 적불선지가는 필유여앙하나니)
臣弑其君하며 子弑其父가 非一朝一夕之故라
(신시기군하며 자시기부가 비일조일석지고라)
其所由來者 漸矣니 由辯之不早辯也니
(기소유래자 점의니 유변지불조변야니)
易曰 履霜堅冰至라하니 蓋言順也라
(역왈 이상견빙지라하니 개언순야라)

해석하면,

선을 쌓은 집에는 반드시 경사가 넘치고
선을 쌓지 않은 집에는 반드시 재앙이 넘치나니
신하가 임금을 죽이고 자식이 아비를 죽임이
아침저녁의 연유로 일어나는 일이 아니니라
사유가 점점 커져서 말미암은 것이니
알아야 할 사유를 미리 알아서 대처하지 못함이니
역에서 말하기를 서리를 밟으면 굳은 얼음이 되나니
이것이 다 자연의 이치이니라

작명(作名)

1. 이름의 의의(意義)

이 세상 모든 존재는 다 이름이 있으며 인간도 당연히 이름이 있다. 자신을 나타내고 대표하는 것이 이름이기 때문에 이름은 좋게 지어야 한다. 좋은 이름이 되려면 다음과 같은 조건을 갖추어야 한다.

- 발음이 좋아야 한다. 저속한 이름이나, 놀림감이 될 수 있는 이름은 피해야 한다. 발음이 어렵거나, 혼돈되기 쉬운 이름도 피해야 한다.
- 뜻이 좋아야 한다. 뜻이 허약하거나, 흉하거나, 비속한 글자는 피하는 것이 좋다.
- 이름 부르는 소리를 들었을 때, 밝고 부드럽고 선량한 느낌을 주면 더욱 좋다.
- 사주(四柱)를 보완해야 한다. 사주상 용신(用神)이나 희신(喜神)인 오행(五行)을 취하여 이름이 구성되도록 하여야 하며, 또한 부족한 오행(五行)을 취하여 사주상 단점을 보완할 수 있어야 한다.
- 각 글자의 수리(數理, 획수)는 음양(陰陽)의 조화가 이루어지도록 구성해야 한다.
- 성명(姓名)의 글자 순서대로, 글자끼리 음령오행(音靈五行) 및 삼원오행(三元五行)이 서로 상생(相生)되도록 하여야 한다.
- 각 글자의 수리를 조합한 원격(元格), 형격(亨格), 이격(利格), 정격(貞格)의 수리가 좋은 의미를 내포하는 수리에 해당하도록

하여야 한다.

2. 이름 한자(漢字)

(1) 필획(筆劃)과 의획(意劃)

필획은 한자사전에 나와 있는 획수(글자 쓰는 획수)를 말하고, 의획이란 부수의 원래 글자의 획수대로 획수를 산정하는 것을 말한다. 예를 들면 영(泳)이라는 한자는 필획으로는 8획이 되지만 의획으로는 9획이 된다. 의획에서는 물수변을 4획으로 보기 때문이다. 의획(意劃)은 원획(原劃)이라고도 한다. 성명학자 중에는 필획으로 쓰는 분도 있고, 의획으로 쓰는 분도 있다. 그러나 성명학에서는 의획으로 획수를 산정하는 것이 일반적이다(原劃法).

(2) 한자(漢字)선정의 기준

- 대법원에서 선정한 인명용(人名用) 한자 중에서 취해야 출생신고에 불편이 없다.
- 쓰기 어렵거나, 글자의 획수가 너무 많은 한자는 사용이 불편하니 피한다.
- 발음이 두 가지로 쓰이거나, 착오를 일으키기 쉬운 한자는 피한다.

  參(삼, 참), 更(갱, 경), 降(강, 항), 便(편, 변), 車(차, 거) 등

  기(己)와 사(巳), 토(土)와 사(士), 미(未)와 말(末) 등
- 뜻이 불길한 한자는 피한다.

흉(凶), 망(亡), 사(死), 살(殺), 고(苦), 병(病), 암(癌), 형(刑) 등

- 성(姓) 글자와 같거나, 발음이 같은 글자는 피한다.
- 부모의 이름과 같은 글자는 피한다.
- 남녀구별에 혼란을 주는 글자는 피한다.
- 구성이 불안정하거나, 좌우가 분리된 글자로만 구성하는 것은 피한다.

구성이 불안정한 글자 정(丁), 좌우 분리된 글자 전(銓) 등

- 동물·식물 한자, 사람의 신체부위의 명칭은 피한다.

축(丑), 견(犬), 계(鷄), 조(鳥), 어(魚), 족(足), 두(頭), 이(耳), 육(肉) 등

- 한자 형상이 안정감이 있고 조화되는 한자를 쓰는 것이 좋다.

强한 한자 : 飛, 炎, 勇, 光, 成, 泰 등
弱한 한자 : 斗, 辛, 市, 科, 羊, 斤 등
虛한 한자 : 行, 弓, 門, 占, 細, 入 등
實한 한자 : 皇, 國, 風, 基, 衡, 益 등

- 차서(次序)에 맞게 사용해야 한다.

➢ 장남(큰아들)에게만 쓰는 한자

一, 壹, 長, 始, 初, 孟, 先, 宗, 甲, 子, 前, 天, 上, 高, 首, 元, 仁, 東 등

위 한자들은 먼저, 위, 시초 등의 뜻이므로 차남 이하에게는 적절하지 않다.

➢ 차남(또는 둘째 이하)에게만 쓰는 한자

二, 貳, 三, 參, 仲, 中, 季, 次, 再 등

두 번째 이하라는 뜻이므로 장남에게는 적절하지 못하다.

3. 음양오행(陰陽五行)과 수리(數理)

(1) 획수음양(劃數陰陽)

글자의 획수에 따른 음양의 조화를 보는 것이다. 즉, 짝수(우수)는 陰이 되고 홀수(기수)는 陽이 되어 숫자의 음양을 보는 것이다. 수리음양(數理陰陽)이라고도 한다. 성명(姓名) 석자가 음양의 배합으로 조화를 이루면 좋다고 본다.

그러나 이름 석자가 陰陰陰이거나 陽陽陽이면 음양이 치우쳐서 나쁘다고 본다. 예를 들어 김동수(金東洙)라는 이름은 8획, 8획, 10획이 되어 전부 짝수이니 陰陰陰이 되어 나쁘다고 본다. 그러나 김병수(金炳秀)라는 이름은 8획, 9획, 7획이 되어 陰陽陽이니 음양이 조화되었다고 본다. 여기에 이름 두 글자까지 음양의 조화가 이루어졌으면 더욱 좋았을 것이다.

(2) 음령오행(音靈五行)

한글발음에 따라서 오행의 생극관계를 따진다. 한글의 자음(子音, 닿소리)을 기준으로 오행을 구분하므로, 자음오행(子音五行) 또는 소리오행이라고도 한다.

木 : ㄱ, ㅋ (가, 카)
火 : ㄴ, ㄹ, ㄷ, ㅌ (나, 라, 다, 타)
土 : ㅇ, ㅎ (아, 하)

金 : ㅅ, ㅈ, ㅊ (사, 자, 차)

水 : ㅁ, ㅂ, ㅍ (마, 바, 파)

김동수(金東洙)라는 이름을 보자.

- 김(金)의 음령오행은 글자의 첫 발음이 'ㄱ'이므로 木이며, 종음은 'ㅁ'으로 水에 해당한다.
- 동(東)의 음령오행은 글자의 첫 발음이 'ㄷ'이므로 火이며, 종음은 'ㅇ'으로 土에 해당한다.
- 수(洙)의 음령오행은 글자의 첫 발음이 'ㅅ'이므로 金에 해당한다.

따라서 음령오행은 木(水), 火(土), 金이니 相生이 된다.

(3) 삼원오행(三元五行)

삼원(三元)은 천지인 삼재(天地人 三才)를 말한다. 삼원오행은 姓씨와 상명자(上名字, 이름 첫 자)와 하명자(下名字, 이름 끝 자)의 획수로 오행을 판단하는 것이다.

天元(天格 또는 一元) : 성씨획수 + 1(天數)

人元(人格 또는 二元) : 성씨획수 + 상명자 획수

地元(地格 또는 三元) : 상명자 획수 + 하명자 획수

위와 같이 해서 정해진 획수가 1과 2가 되면 木, 3과 4가 되면 火, 5와 6이 되면 土, 7과 8이 되면 金, 9와 10이 되면 水가 된다. 글자의 획수를 합한 수가 10을 넘으면 10을 버리고 끝자리 수를 획수로 본다.

김동수(金東洙)라는 이름을 보자.

김(金)은 8획, 동(東)은 8획, 수(洙)는 10획이다.

천원 : 8획 + 1(天數) = 9 따라서 오행은 水

인원 : 8획 + 8획 = 16획 끝자리 수가 6이니 오행은 土

지원 : 8획 + 10획 = 18획 끝자리 수가 8이니 오행은 金

따라서 김동수(金東洙)의 삼원오행은 水土金이 된다. 앞에 두 글자가 土剋水로 상극(相剋)관계이긴 하지만, 뒤에 金이 土와 水사이에 끼어 통관상생(通關相生)이 되므로 좋은 이름으로 본다.

음령오행과 삼원오행을 동시에 적용하면 좋은 이름이 많이 나오지 않으므로, 마음에 드는 이름이 없으면 이 중 하나만 적용해서 선정하면 된다.

(4) 자원오행(字源五行)

한자의 각 글자 자체에 오행의 기운이 함축되어 있다고 보는 것을 자원오행이라고 한다. 자원오행은 원칙적으로 글자의 부수에 의해서 오행을 분류한다. 여기에 더하여 그 뜻에 오행의 기운이 확연히 드러나 있으면, 그 글자에 의해서도 오행을 분류한다.

예를 들어, 글자 안에 木, 火, 土, 金, 水의 글자가 포함되어 있으면 이것으로 오행을 분류하고, 또 靑(木의 기운)이나 南(火의 기운)처럼 글자의 뜻에서 확연히 오행이 드러나 있으면 그것으로 오행을 분류한다.

(5) 81수리(81數理)

성씨와 상명자(이름 첫 자), 하명자(이름 끝 자)의 획수를 가지고 원(元), 형(亨), 이(利), 정(貞)의 4가지 수리를 구성하고 이것으로 길흉을 판단하는 작명법이다.

元格(초년운) : 상명자 획수 + 하명자 획수

亨格(중년운) : 성씨 획수 + 상명자 획수

利格(말년운) : 성씨 획수 + 하명자 획수

貞格(총운) : 성명 글자 전부의 획수

(성씨 획수 + 상명자 획수 + 하명자 획수)

김동수(金東洙)라는 이름을 보자.

김(金)은 8획, 동(東)은 8획, 수(洙)는 10획이다.

따라서

원격은 8획 + 10획 = 18

형격은 8획 + 8획 = 16

이격은 8획 + 10획 = 18

정격은 8획 + 8획 + 10획 = 26

여기서 18, 16, 26을 元, 亨, 利, 貞의 수리에 대한 길흉(吉凶) 해설인 81수리영동운(數理靈動運)에 의하여 그 길흉(吉凶)을 판단한다. 이에 의하면 18은 발전격(發展格)으로 길(吉)하고, 16은 덕망격(德望格)으로 길(吉)하다. 26은 영웅격(英雄格)으로 일생 파란(波瀾)이 있는 운(運)이다.

4. **아호**(雅號), **상호**(商號), **사명**(社名)

(1) 아호(雅號)

본명 외에 따로 지어 부르는 이름을 아호라고 하며, 보통 호(號)

라고 한다. 아호는 이름에서 부족한 부분을 보완하는 의미로 활용되는데, 성명의 앞에 붙이는 것이 원칙이다.

아호는 자신이 태어난 고향의 지명이나 산 이름 등을 따서 짓기도 하고, 친구나 선배 또는 스승이 그 사람의 특징적인 기질을 찾아 지어 주기도 한다. 아호도 앞서 기술한 이름 짓는 방법에 준하여 짓는 것이 좋다.

(2) 상호(商號)와 사명(社名)

상호나 사명도 앞서 기술한 이름 짓는 방법에 준하여 짓는 것이 좋다. 주인의 사주와 조화가 이루어지고 업종의 이미지와 맞으면 좋은 이름이다. 오늘날은 상호와 사명을 외국어 특히 영어로 짓는 경향이 강한데, 가장 중요한 것은 부르기 좋고 듣기 좋아야 한다는 것이다. 따라서 소리오행(음령오행)에 특히 유념하여야 한다.

궁합(宮合)

1. 궁합(宮合)이란?

궁합(宮合)은 남녀 사이의 화합여부를 보는 것이다. 궁합은 독자적인 학문으로 그 영역을 점유하고 있는 것은 아니지만, 옛날부터 궁중이나 민간에서 혼사가 이루어질 때는 궁합을 많이 보아왔고, 오늘날에도 우리의 생활에 깊이 침투해 있는 현실을 반영하여 궁합에 대한 학문적 연구는 이어지고 있다.

궁합에 의하여 어느 정도 운(運)의 변화는 있을 수 있겠지만, 그렇다고 본인의 사주에 있는 운(運)과 행운(行運)이 근본적으로 바뀌는 것은 아니다. 물론 배우자의 사주가 좋고 행운이 좋게 진행된다면, 배우자의 좋은 운에 의해서 본인이 도움을 받을 수는 있다고 본다.

2. 궁합(宮合)을 보는 방법

궁합(宮合)을 보는 방법은 가히 천차만별(千差萬別)이라 할 정도로 많고 다양하다. 이하 주요(主要)한 몇 가지 방법에 대하여 설명하기로 한다.

(1) 격국(格局)과 일간(日干)으로 보는 궁합

격국(格局)과 일간(日干)으로 당사자의 성정을 보아, 서로 맞아야 좋은 궁합이라 할 수 있다. 예를 들어, 남성이 정관격 사주인데 여성이 상관태왕하다면, 남성은 여성으로부터 시달림을 많이 받아 결혼생활이 피곤해질 수 있다. 남성의 일간이 丙火인데 여성의 일간이 壬水라면, 양간(陽干) 대 양간(陽干)으로서 여성이 남성을 剋하는 것이 되어 부부간에 잦은 다툼이 있을 수 있다.

(2) 사주 격국의 청탁(淸濁)으로 보는 궁합

원칙적으로 사주가 좋고 행운(行運)도 좋은 사람을 배우자로 만나는 것이 좋다. 그러나 상대방의 사주와 행운이 본인보다 좋다고 무조건 좋은 궁합으로 보는 것은 아니고, 남녀의 격국의 청탁(淸濁)이 조화가 되어야 좋은 궁합으로 본다. 즉 남자의 사주는 상청(上淸) 사주인데 여자의 사주가 중탁(中濁), 하탁(下濁)이면 격이 맞지 않아 좋은 궁합이 못된다고 본다. 반대의 경우도 마찬가지이다.

본인으로 인해 배우자의 발복(發福)에 장애가 되고 본인도 그로 인해 고통을 받으니, 결국 헤어지게 된다고 보는 것이다. 바람직한 궁합은 상대방 사주의 격이 본인의 것보다 1~2단계 정도 높은 경우이다.

(3) 용신(用神)으로 보는 궁합

본인의 용신에 해당하는 오행이 상대방 사주에 왕성한 경우 좋은 궁합으로 본다. 예를 들어 남자가 木火용신 여자가 金水용신인 경우, 여자 사주에 木火가 왕성하거나 남자 사주에 金水가 많은 경우 좋은 궁합으로 본다.

그러나 이 경우에도, 어느 일방이 상대방의 덕을 보지만 상대방은 이로 인해 오히려 피해를 보는 경우도 있으니, 꼼꼼하게 잘 살펴보아야 한다.

(4) 합 · 충合 · 沖)으로 보는 궁합

사주의 지지(地支)로 보는 궁합을 속궁합이라고 하는데, 삼합 · 육합(三合 · 六合)이 되면 좋은 궁합이고 沖이 되면 좋지 못하다고 본다. 지지가 合이 되면 자연히 서로 끌리고 속마음이 맞으니 화합한다. 日支끼리, 月支끼리, 年支끼리 合이나 相生이 되면 좋고, 合이 되지 않더라도 沖은 없어야 한다.

(5) 기타

이밖에도 관상으로 보는 궁합, 손금으로 보는 궁합, 띠로 보는 궁합, 신살로 보는 궁합, 12운성법(포태법)으로 보는 궁합, 구성(九星)으로 보는 궁합 등이 있다.

택일(擇日)

1. 택일(擇日)의 의의(意義)

예로부터 오늘날에 이르기까지 큰 행사를 치루는 과정에서 택일(擇日)을 많이 하고 있다. 조선시대에는 국가기관인 관상감(觀象監)에 추길관(諏吉官)을 두어 책력(冊曆)과 택일(擇日)을 전담하게 하였다. 가능한 한 나쁜 날을 피하고 좋은 날을 가려서 행복을 추구하고자 하는 마음은 사람의 기본적 성정이니, 미신이니 어쩌니 하면서 탓할 일은 아니라고 본다.

택일(擇日)은 흉(凶)한 운(運)이 없고 길(吉)한 운(運)이 가득한 날을 고르는 역학적(易學的) 방법을 말한다. 택일은 나쁜 운은 멀리하고 좋은 운을 가까이 있게 하기 위한 적극적이고 능동적인 노력이다. 택일의 대상인 날짜는 이중성(二重性)을 가지고 있다. 날짜 그 자체로 좋은 날이 있고, 택일을 하는 명주에게 잘 맞아서 좋은 날이 있다. 두 가지 다 좋은 날이면 더할 나위 없이 좋겠지만, 둘 중 어느 하나를 선택해야 한다면 날짜 자체로 좋은 날을 택하는 것이 좋다고 본다.

2. 택일(擇日)의 종류

천기대요(天機大要)에서는 택일을 상장문(喪葬門), 기조문(起造門), 혼인문(婚姻門), 이사문(移徙門)으로 나누고 있다.

상장문은 죽은 사람의 묘터인 음택(陰宅)과 관련하여 장사(葬事)

와 성분(成墳)하는 날짜를 잡는 법이고, 기조문은 살아 있는 사람의 주거공간인 양택(陽宅)과 관련하여 토목, 건축, 건물수리 등의 날짜를 잡는 법이다. 이사문은 이사 날짜를 잡는 법이고, 혼인문은 남녀의 혼인 날짜를 잡는 법이다.

3. 택일(擇日)의 원리

(1) 조명법(造命法)

택일한 날짜의 年, 月, 日, 時에 따른 사주를 뽑아 놓고, 이 사주가 택일하는 체(體)를 보완하는지를 살펴보는 것이다. 여기서 체(體)란 입향(立向, 음택이나 양택에서 向을 정하는 일)에서 좌(坐. 묏자리나 집터 등의 등진 방위), 이사에서 이사할 방위를 말한다.

예를 들어, 집이 북쪽을 등에 지고 남쪽을 바라본다면(子坐午向), 북쪽이 체(體)가 된다. 또 서쪽으로 이사를 간다면 태방(兌方)이 체(體)가 된다. 이 경우 택일한 年, 月, 日, 時의 사주가 水기운(북쪽)이나 金기운(서쪽)이 강하도록 택일을 하면 좋다고 보는 것이다.

(2) 나이문제

택일에서 주의할 점은 생기복덕(生氣福德) 등 나이를 중시하는 경우, 양력 1월 1일을 기준으로 한다는 것이다. 이와 관련하여 옛 문헌에 나이에 대한 정확한 언급은 없으나, 관례상 양력 1월 1일을 기준으로 나이를 정하고 이 나이로 생기복덕(生氣福德)을 따지는 것이다.

(3) 날짜의 길흉

1) 제사불의(諸事不宜) : 모든 일에 마땅하지 않아 꺼린다는 날짜를 말한다.
2) 월기일(月忌日) : 혼인, 조장(造葬)에 꺼리는 날짜이다. 매월 5일, 14일, 23일이 월기일이다.
3) 복단일(伏斷日) : 혼인, 여행, 집수리, 부임(赴任) 등 흥사(興事)에는 꺼리고 화장실건축, 둑이나 길 폐쇄 등에는 길한 날짜를 말한다.
4) 양공기일(楊公忌日) : 출행, 이사 등에 꺼리는 날이라고 한다.

4. 혼인(婚姻)택일

(1) 혼인택일의 원칙

혼인택일은 일시(日時)를 중요시한다. 전통적으로 혼인택일을 여자측에서 하는 이유는 이렇게 하면 여자의 배란주기에 맞추어 빨리 임신이 되게 하고 귀자(貴子)를 얻을 수 있다고 생각했기 때문이다.

(2) 혼인총기일(婚姻總忌日)

혼인총기일(婚姻總忌日)은 월압, 월파, 월기, 압대, 화해, 절명, 월해, 홍사, 피마, 천적, 수사, 월살, 십악, 복단, 천강, 하괴, 사갑순, 동지, 하지, 단오, 사월팔일 등으로 모두 혼인에서 꺼리는 흉일(凶日)이니 피하는 게 좋다고 한다. 매월 해일(亥日)과 남녀본명일(男女本命

日, 자기의 생년과 일진이 같은 날)도 마찬가지이다.

예외적으로 월살, 월기, 십악, 사갑순일은 비록 흉일(凶日)이기는 하지만 오합일(五合日, 甲寅·乙卯日, 丙寅·丁卯日, 戊寅·己卯日, 庚寅·辛卯日, 壬寅·癸卯日)이 될 경우에는 가(可)하고, 천강, 하괴, 복단일도 황도일(黃道日)을 겸하게 되면 가(可)하다고 한다.

(3) 혼인택일법

1) 男婚 흉년(凶年)과 女婚 흉년(凶年)을 피하여 년(年)을 정한다.
2) 가취월(嫁娶月)과 살부대기월(殺夫大忌月)에서 길(吉)한 달을 가려낸다.
3) 생기복덕(生氣福德)으로 남자와 여자 모두에게 길(吉)한 날을 가려낸다.
4) 음양부장길일(陰陽不將吉日, 혼사에서 제일 좋은 날로 친다)중에서, 화해·절명(禍害·絶命)에 해당하지 않는 날을 가린다.
5) 혼인총기일(婚姻總忌日)에 해당하지 않는 날을 가린다.
6) 사갑순(死甲旬)을 피하고, 천덕(天德)·월덕(月德)·황도일(黃道日)·오합일(五合日)을 가능한 한 겸(兼)하도록 한다.
7) 음양부장길일(陰陽不將吉日)이 화해·절명일(禍害·絶命日)과 겹치면 십전대길일(十全大吉日, 陰陽不將吉日 다음가는 좋은 날로 친다. 乙丑·丁卯·丙子·丁丑·己丑·辛卯·癸卯·乙巳·壬子·癸丑)을 대용한다.
8) 촉박한 시일 등 부득이한 사정이 있을 때는 화해·절명일(禍害·絶命日)과 혼인총기일(婚姻總忌日)만큼은 반드시 피하고, 기타의 다른 길신(吉神) 2개 이상을 겸하도록 해서 사용해도 무방하다고 본다.

5. 이사택일(移徙擇日)

(1) 이사택일(移徙擇日)의 의미

좋은 날짜, 좋은 방위를 잘 가려서 이사를 하면, 좋은 운이 열린다고 한다. 이사운(移徙運)은 먼저 길방(吉方, 좋은 방위)을 잘 찾은 후, 길(吉)한 날을 가리어 이사하면 좋다. 이사운은 이사 거리와도 관계가 있는데, 가까운 곳에서의 이사는 영향력이 미미하지만 먼 거리일수록 그 영향력이 크다고 한다. 교통통신이 발달하지 못한 옛날 기준으로 十里(십 리, 3.93킬로미터) 이상을 먼 거리라고 한다.

(2) 이사길방(移徙吉方)

방위학상 방위는 만인공통의 길흉방위와 개인별 길흉방위로 구분한다. 만인공통의 길흉방위는 해마다 발행되는 대한민력(大韓民曆)에 명시되어 있다.

1) 만인공통 길흉방위

오황살방(五黃殺方)은 오황토성(五黃土星)이 있는 방위로서 흉방(凶方)으로 본다. 암검살방(暗劍殺方)은 오황살방위의 반대방위로서 흉방(凶方)으로 본다. 세파방(歲破方)은 당해연도 地支와 상충이되는 방위로서 역시 흉방(凶方)으로 본다. 월파방(月破方)은 이사가는 달의 月支와 상충이 되는 방위로서 꺼리는 방위로 본다.

세덕방(歲德方)은 학문·예술관련 직업을 가진 사람에게 좋다는 길방(吉方)이다. 태세방(太歲方)은 당해년 年支와 동일한 방위로서 길방(吉方)으로 본다.

길방(吉方)인 세덕방과 태세방은 개인별로 따져서도 길방(吉方)일 때에 한하여 유효하다고 한다. 이렇게 보면 만인공통방위는 흉방(凶方)만 영향을 미치는 셈이다.

2) 개인별 길흉방위(吉凶方位)

이사 방위에는 천록방(天祿方), 안손방(眼損方), 식신방(食神方), 징파방(徵破方), 오귀방(五鬼方), 합식방(合食方), 진귀방(進鬼方), 관인방(官印方), 퇴식방(退食方) 등 9개의 길흉방위(吉凶方位)가 있다. 이 중 천록방, 식신방, 합식방, 관인방은 길방(吉方)으로 본다.

이는 남녀별 연령에 따라 각각 8개('中' 포함하여 9개)의 방위에 길 · 흉신(吉 · 凶神)이 자리하고 있는 모습인데, 당사자의 연령에 맞추어 좋은 방위가 되도록 하여야 한다. 많은 식구가 한꺼번에 이사를 하는 경우에는, 주 소득자 또는 집안에서 중추적인 역할을 하는 사람을 위주로 판단하면 된다.

(3) 이사길일(移徙吉日)

시중에서 '손'없는 날에 이사를 많이 하는데, '손'이 있는 날은 태백살(太白殺)이 닿은 방위의 날이라 이사를 꺼린다.

태백살방(太白殺方)

正東	東南	正南	西南	正西	西北	正北	北東	上天
1, 11, 21일	2, 12, 22일	3, 13, 23일	4, 14, 24일	5, 15, 25일	6, 16, 26일	7, 17, 27일	8, 18, 28일	9, 10, 19, 20, 29, 30일

6. 개업택일(開業擇日)

개업택일(開業擇日)의 원리는 이사택일과 동일하지만, 방위의 개념이 필요 없다는 점에서 차이가 있다. 아래의 개점일(開店日)은 처음 시작하는 개업일에 좋으며, 물품을 출납하거나 창고에 적재하기에도 좋은 날이라고 한다.

개점일
甲子 乙丑 丙寅 己巳 庚午 辛未 甲戌 乙亥 丙子 己卯
壬午 癸未 甲申 庚寅 辛卯 乙未 己亥 庚子 癸卯 丙午
壬子 甲寅 乙卯 己未 庚申 辛酉

7. 제사(祭祀) · 기복(祈福)택일

(1) 제사길일(祭祀吉日)

甲子 乙丑 丁卯 戊辰 辛未 壬申 癸酉 甲戌 丁丑 己卯
庚辰 壬午 甲申 乙酉 丙戌 丁亥 己丑 辛卯 甲午 乙未
丙申 丁酉 乙巳 丙午 丁未 戊申 己酉 庚戌 乙卯 丙辰
丁巳 戊午 己未 辛酉 癸亥 生氣 天宜 福德日

위의 일진일은 각종 제사에 쓰는 좋은 날로 길일(吉日)이다. 단

아래에 열거된 천구일(天狗日)과 천구하식시(天狗下食時) 및 인일(寅日)은 꺼린다.

천구일(天狗日)과 천구하식시(天狗下食時)

1월 子日 亥時	2월 丑日 子時	3월 寅日 丑時
4월 卯日 寅時	5월 辰日 卯時	6월 巳日 辰時
7월 午日 巳時	8월 未日 午時	9월 申日 未時
10월 酉日 申時	11월 戌日 酉時	12월 亥日 戌時

(2) 기복길일(祈福吉日)

壬申 乙亥 丙子 丁丑 壬午 癸未 丁亥 己丑 辛卯 壬辰
甲午 乙未 丁酉 壬子 甲辰 戊申 乙卯 丙辰 戊午 壬戌
癸亥 天恩 天赦 天月德 天月德合 生氣 天宜 福德 母倉
定 成 開日

위의 일진일은 제(祭)를 올리거나 복(福)을 비는 날로 통용되지만, 안택(安宅)·고사(告祀) 등 정성을 드리는 행사에도 좋은 날로 길일(吉日)이다. 단 수사(受死)·천구일(天狗日) 및 천구하식시(天狗下食時)·인일(寅日)과 건(建)·파(破)·평(平)·수일(收日) 등은 꺼리는 날이다.

(3) 불공길일(佛供吉日)

甲子 乙丑 丙寅 庚午 甲戌 戊寅 乙酉 戊子 己丑
辛卯 甲午 丙申 癸卯 丁未 癸丑 甲寅 丙辰 辛酉

위의 일진일에 불공을 드리면 만복이 이른다고 한다. 단 丙午·壬辰·乙亥·丁卯·乙卯日은 꺼린다.

(4) 산신제일(山神祭日)

甲子 壬申 乙亥 丙子 甲申 乙酉 丙戌 辛卯 庚戌
乙卯 甲戌 甲午 甲寅 乙丑 乙未 丁卯 戊辰 己巳
己酉 庚辰 辛亥 壬寅 癸卯 己卯 丁亥 丁未

위의 일진일에는 산신에 제(祭)를 올리거나 입산 기도하는 데 좋은 날로 길일(吉日)이다. 단 산격일(山隔日)과 산명일(山鳴日, 대월 ~2일, 21일, 23일, 26일. 소월 ~1일, 10일, 18일, 22일. 매월 ~8일, 23일) 등은 꺼리는 날이다.

(5) 수신제일(水神祭日)

庚午 申未 壬申 癸酉 甲戌 庚子 辛酉 除 滿
執 成 開日

위의 일진일에는 바다나 하천·우물 및 용왕신 등에 제(祭)를 올리는 데 좋은 날로 길일(吉日)이다.

8. **상용택일**(常用擇日)

(1) 출행길일(出行吉日)

甲子 乙丑 丙寅 丁卯 戊辰 庚午 辛未 甲戌 乙亥
丁丑 己卯 甲申 丙戌 己丑 庚寅 辛卯 甲午 乙未

庚子 辛丑 壬寅 癸卯 丙午 丁未 己酉 壬子 癸丑
甲寅 乙卯 庚申 辛酉 壬戌 癸亥 驛馬 四相 月財
天月德 生氣 建 滿 成 開日

해외여행이나 원행을 할 때 이날을 가려서 취용하면 길(吉)하다고 한다. 단 화해·절명일은 피하는 게 좋고 왕망·수사·귀기·천적·파·평·수일 등은 꺼린다.

(2) 상장일(上章日)

甲子 乙丑 丙寅 丁卯 壬申 丙子 丁丑 己卯 壬午
丙戌 己丑 庚寅 辛卯 壬辰 甲午 丙申 丁酉 戊戌
庚子 壬寅 甲辰 丙午 戊申 己酉 庚戌 壬子 甲寅
丙辰 戊午 庚申 辛酉 壬戌 黃道 福德 月空 天恩 月恩

이날은 청원서·진정서·소장·이력서·원서·원고·논문 등을 해당 기관이나 회사에 제출하면 좋은 날이라고 한다.

풍수지리(風水地理)

1. 용어 정리

(1) 풍수지리학(風水地理學)

풍수(風水)라는 용어는 장풍득수(藏風得水)의 준말로 '바람을 품어 간직하고 물을 얻는다' 또는 '바람을 갈무리하고 물을 얻는다'는 뜻으로 풀이되고 있다.

장풍과 득수라는 용어는 중국 진(晉)나라 시대 풍수지리가인 곽박의 저서 '장서(葬書)'에 나오는 말이다. 금낭경(金囊經)이라 불리기도 하는 장서(葬書)에서는 풍수에 대해 다음과 같이 말하고 있다.

> 風水之法 得水爲上 藏風次之
> (풍수지법 득수위상 장풍차지)
> 풍수의 법은 물을 얻는 것을 으뜸으로 삼고
> 바람을 간직하는 것은 그 다음이니라

여기서 주의할 것은 물을 막는 것이 아니라 얻는다는 것이며, 바람도 막는 것이 아니라 갈무리(가지런히 정리하거나 모아서 보관함) 한다는 것이다.

풍수(風水)라는 용어에 대한 해석은 위와 같고, 지리(地理)라는 용어는 인간의 삶에 도움이 되도록 땅을 다스린다는 뜻이니, 풍수지리학(風水地理學)은 결국 바람과 물 그리고 땅을 순리에 맞게 잘 다스려서 인간의 삶에 큰 도움이 되게 하는 학문이라고 말할 수 있다. 풍수지리 대신 감여학(堪輿學)이라는 용어를 사용하기도 한다.

(2) 음택(陰宅), 양택(陽宅), 명당(明堂), 혈(穴), 광중(壙中)

죽은 사람의 묘(墓)터를 음택(陰宅)이라 하고, 산 사람의 주거공간을 양택(陽宅)이라 한다. 명당(明堂)은 혈(穴)을 포함한 주변의 평평한 땅으로, 생기가 응집된 지점이다. 혈(穴)이나 혈장(穴場)보다는 좀 더 넓은 개념이다. 生氣가 응집된 명당(明堂) 중에서 생기 에너지가 최대한도로 응집된 지점을 혈(穴) 또는 혈장(穴場)이라고 한다. 광중(壙中)은 시신을 묻는 구덩이를 가리킨다.

(3) 입수(入首)와 좌향(坐向)

입수(入首)는 혈(穴)을 만들기 위해 최종적으로 生氣 에너지를 응집시킨 곳을 말한다. 좌향(坐向)은 묏자리나 집터 등의 등진방위에서 정면으로 바라 보이는 방향을 말하며, 좌(坐)는 시신의 머리방향이고 향(向)은 발의 방향이다.

(4) 태조산(太祖山), 중조산(中祖山), 소조산(小祖山)

태조산(太祖山)은 혈장에너지의 근원처가 되고 중조산(中祖山), 소조산(小祖山)은 혈장(穴場)에너지의 중간 집합처인 조정지(調整池) 역할을 한다.

혈장의 근원처가 되는 가장 먼 곳의 특출한 산이 태조산이고, 혈장으로 내려오면서 태조산 다음의 특출한 산이 중조산, 그 다음의 특출한 산이 소조산이다. 한국의 태조산은 백두산이고, 국립공원이 들어선 명산은 대부분 중조산에 해당한다.

이들 중 소조산(小祖山)은 입수(入首)하기 전 에너지가 집합된 산으로서 혈장에 미치는 영향이 가장 크다. 소조산은 혈장에 가까울수록 좋으며 주산(主山) 또는 현무(玄武)라고도 한다.

(5) 용(龍), 용맥(龍脈), 내룡(來龍), 낙산(樂山), 선익(蟬翼), 용세(龍勢)

산(山)을 용(龍)이라 부르는 것은 크고 작고 높고 낮고 순행을 하다가 역행도 하면서 좌우로 구불구불한 그 변화무쌍(變化無雙)한 모습이 용이 꿈틀거리는 모습을 닮았다고 보았기 때문이다.

용맥(龍脈)이란 용을 몸체로 하여 산의 에너지가 흐르는 통로를 말하며, 보통 산줄기나 산맥이 용맥이 된다. 용맥은 내룡(來龍)이라고도 하며 생기를 품고 혈로 내려오는 산줄기로서 전선에 비유된다. 다시 말해 입수(入首)가 있기 전까지의 산줄기가 용맥이고 내룡이다.

낙산(樂山)은 내룡이 방향을 90도로 바꾸는 회룡입수(回龍入首)를 할 때, 내룡의 뒤쪽에서 내룡의 생기를 받쳐주는 산이다. 회룡입수할 때는 반드시 낙산이 있어야 한다.

선익((蟬翼, 매미 선 날개 익)은 입수지점으로부터 좌우로 뻗어 혈장을 감싸는 부분인데, 그 모양이 매미의 날개처럼 생겼다고 해서 붙인 이름이다. 좌측의 선익을 청룡 선익, 우측의 선익을 백호 선익이라 부른다. 형기풍수에서는 진혈을 입증하는 증거로 선익이 있어야 명당이라 한다.

태조산에서 출맥한 내룡이 변화를 거듭하면서 중조산과 현무를 형성하고 혈장을 만들기 위한 입수 직전 단계까지 흐르는데, 이때 태조·중조·현무 및 내룡의 세력을 용세라 한다. 곧 입수하여 용의 핵이며 과실인 혈장을 만들기 때문에 본신룡(本身龍)이라고도 한다. 용세가 강하고 아름다울수록 길(吉)하다고 한다.

(6) 과산(過山), 독산(獨山), 안산(案山), 조산(朝山), 압혈(壓穴),

내룡을 타고 흐르는 생기가 멈추어 응결되지 못한 채 그냥 흘려가는 산을 과산(過山)이라 한다. 산줄기가 이어지지 못 하고 홀로 떨어져 솟은 산을 독산(獨山)이라 한다. 혈 앞 낮게 엎드린 산을 안산(案山)이라 하고, 안산 너머로 높고 웅장하게 서 있는 산이 조산(朝山)이며 보통 주작(朱雀)이라고 한다. 안산이나 조산이 혈보다 지나치게 높고 가까이 있으면 혈의 생기를 눌러서 흉하다고 보는 바 이를 압혈(壓穴)이라 한다.

(7) 동기감응론(同氣感應論)

동기감응론은 조상에너지와 자손에너지는 동일한 인자이기 때문에, 죽어서도 상호 간에 동조(同調)작용과 간섭(干涉)작용을 하면서 서로 영향을 미친다고 보는 이론이다. 특히 조상 유골의 환원에너지는 동조(同調)에너지와 간섭(干涉)에너지로 나뉘어, 동조에너지는 후손에게 길복(吉福)을 주지만, 간섭에너지는 흉화(凶禍)를 준다고 한다. 여기서 조상의 환원에너지란 돌아가신 조상 모두의 유골에서 이산(離散)과 환원(還元)이라는 에너지 작용에 의해 발산되는 조상의 에너지를 말한다고 한다.

따라서 동기감응론은 후손이 흉화를 피하고 길복을 받기 위해서는 음택인 조상의 묘(墓)를 잘 써야 한다는 음택풍수지리의 이론적 근거가 된다. 그리하여 자손들은 명당(明堂)을 찾아 조상의 묘터로 삼아야 하고, 좋지 못한 묘터는 이장(移葬)을 해야 한다는 것이다.

(8) 과협(過峽), 괴혈(怪穴), 관쇄(關鎖), 사유팔간(四維八干)

과협(過峽)은 산과 산을 잇는 산줄기 부분에 벌의 허리와 학의 무릎처럼 잘룩한 부분을 가리키며 보통 ‘고개’라고 부른다.

괴혈(怪穴)은 명당이 갖추어야 할 제반 조건을 갖추지 않았음에도 불구하고 생기가 응결된 장소로, 깊은 산속에 물이 고인 늪이 있으면 그 위에 괴혈이 있다고 한다. 또 주로 돌로 이루어진 악산에 사람 시신 한 구(軀)를 묻을 만한 흙이 있으면, 그곳도 괴혈로 본다. 괴혈은 발복이 빠르고 강력하다고 한다.

관쇄(關鎖)는 청룡과 백호가 좌우에서 서로 끝부분을 맞잡거나 한쪽이 다른 쪽을 감싸 안아, 물이 빠지는 곳이 좁아진 상태를 말한다. 관쇄란 문에 빗장을 걸어 잠근다는 뜻으로, 청룡과 백호가 혈장을 걸어 잠그듯 해야 한다는 것이다.

사유팔간(四維八干)이란 패철 24방위 중에서 天干을 구성하는 요소들로 건(乾), 곤(坤), 간(艮), 손(巽)은 사유(四維)이고, 팔간(八干)은 壬, 癸, 甲, 乙, 丙, 丁, 庚, 辛이다.

(9) 패철(佩鐵)

패철(佩鐵)은 나경(羅經) 또는 나반(羅盤)이라고도 하는데, 지관이 몸에 지니고 다니는 특수한 나침반이다. 시중에서 다양한 가격에 팔리고 있는데, 10만 원대 나경이면 쓸만하다고 할 수 있다. 나경은 침이 길고 가늘수록 좋다. 또한 나경의 도면이 선명할수록, 나경의 침이 빨리 멈출수록 좋다고 본다.

패철(佩鐵)은 중국 주나라 성왕 때부터 통용된 주역의 후천팔괘를 응용하여 사용했다고 전해오고 있다. 오랜 세월 동안 조금씩 발전하여 오늘날에는 사용하기 편리하도록 만들어졌다. 패철의 사용법은 다음과 같다.

제1선 : 황천수(黃泉水)를 측정한다.

제2선 : 팔요풍(八曜風)을 측정한다.

제3선 : 오행(五行)을 나타낸다.

제4선 : 음양(陰陽)으로 배합 · 불배합무기룡(配合 · 不配合無記龍) 및 요도(墝棹) · 지각(支脚) · 입수(入首) · 선익(蟬翼)의 각도와 좌향(坐向)을 측정한다.

제5선 : 맥기분금(脈氣分金, 에너지 흐름선)을 측정한다.

한때 36선까지 있었으나, 5선까지만 해도 충분히 불편 없이 사용할 수 있다.

(10) 사신사(四神砂)

사신사는 혈장을 사방에서 지키고 보호하는 산을 말하며, 현무(玄武, 主山, 小組山), 청룡(靑龍), 백호(白虎), 주작(朱雀, 案山)을 사신사라 한다.

1) 현무(玄武, 主山, 小組山)

현무(玄武)는 용이 입수하기 전, 입수에서 가장 가까운 특출한 산이다. 현무는 입수에 가까이 있을수록 에너지 공급역량이 강력하며, 입수로부터 3절~5절 이내에 있으면 가장 길(吉)하다고 한다. 그 모습이 웅대하고 수려할수록 좋으며, 혈장을 향해 머리를 드리우고 있어야 한다.

2) 청룡(靑龍)

혈장의 입수 쪽에서 앞을 내려다볼 때, 혈장의 왼쪽에서 혈장을 보호하고 있는 산을 청룡 또는 좌청룡이라 한다. 청룡이 여러 겹 있으면 혈장 가까이 있는 안쪽의 청룡을 내청룡(內靑龍)이라 하고, 그 밖의 것들은 외청룡(外靑龍)이라 한다. 청룡은 여러 겹이 있을수록 좋다고 본다. 청룡이 백호를 안아 싸면서 관쇄가 되거나, 혈장과 거리가 가까울수록 더욱 좋다고 본다.

3) 백호(白虎)

혈장의 입수 쪽에서 앞을 내려다볼 때 혈장의 오른쪽에서 혈장을 보호하고 있는 산을 백호 또는 우백호라 한다. 백호가 여러 겹 있으면 혈장 가까이 있는 안쪽의 백호를 내백호(內白虎)이라 하고, 그 밖의 것들은 외백호(外白虎)라 한다. 백호도 여러 겹이 있을수록 좋다고 본다

4) 주작(朱雀, 案山)

혈장 앞의 가장 가까운 산을 주작 또는 안산이라 한다. 안산은 혈장과 가까울수록 좋고, 크기와 높이도 혈장과 균형이 유지되고 있으면 좋다고 본다.

(11) 황천수(黃泉水), 팔요풍(八曜風), 분금(分金)

황천수(黃泉水)란 묘(墓)의 광중(壙中)에 침입하는 물을 말한다. 지하수맥을 통하여 광중에 침입하는 물을 황천음수(黃泉陰水)라 하고, 지상으로부터 광중으로 스며드는 물을 황천양수(黃泉陽水)라 한다. 황천수는 양수든 음수든 일단 광중으로 물이 침입하면 흉(凶)하다고 보기 때문에, 혈장 주변의 모든 방위를 면밀히 관찰하여 물이 스며들지 않도록 해야 한다.

팔요풍(八曜風)이란 묘의 광중에 침입하는 바람을 말한다. 팔요풍은 음곡자생풍(陰谷自生風)인 음풍(陰風)과 지상을 왕래하는 바람인 양풍(陽風)으로 구분한다. 음곡자생풍은 산의 골짜기가 깊고 길어서 자연히 발생하는 차가운 골바람으로, 이러한 바람이 묘에 침임할

우려가 있는지 잘 살펴야 한다.

분금(分金)이란 풍수지리에서 좌향을 결정할 때 360도로 세밀하게 나누어 좌향을 정한다는 뜻이다. 좌향을 정할 때 분금을 정확하게 놓지 않으면, 1도의 차이에도 거리가 멀어질수록 큰 오차가 생기기 때문이다.

2. 형기풍수이론(形氣風水理論)과 현공풍수이론(玄空風水理論)

풍수지리는 이론상으로 형기풍수(形氣風水)와 이기풍수(理氣風水)로 크게 나뉜다. 형기풍수는 근본이 된다고 하여 체(體)가 되고, 이기풍수는 활용한다는 의미에서 용(用)이 된다. 형기풍수(形氣風水)는 눈으로 보고 가슴으로 느끼는 것으로, 전통적인 풍수지리를 말한다.

이기풍수는 삼합풍수(三合風水)와 삼원풍수(三元風水)로 크게 나뉘어진다. 삼합풍수는 12운성법을 활용하는 포태풍수(胞胎風水)이고, 삼원풍수는 공간에 시간개념을 더한 현공풍수(玄空風水)를 말한다.

현공풍수이론은 시간의 흐름에 따른 천기(天氣)의 변화를 낙서(洛書)와 후천팔괘(後天八卦)의 상(象)과 수(數)로 파악하여, 시간의 흐름에 따른 좌향(坐向)의 길흉(吉凶)을 살피는 이론으로, 오늘날 대만과 홍콩에서 각광받고 있는 이론이다.

삼원현공풍수(보통 그냥 '현공풍수'라고 함)의 조사(祖師, 어떤 학파를 처음 세운 사람)는 중국 당나라 때의 양균송이다. 현공풍수는 양균송이후 비전(秘傳)되어 내려오다가, 청나라 초기 장대홍과 청나라 말기 심소훈에 의하여 방위와 시기에 대한 현공풍수의 비법이 세상에 알려지게 되었다.

3. 양택론(陽宅論)

양택(陽宅)이란 돌아가신 분의 묘터인 음택(陰宅)과 반대되는 말로서, 살아있는 사람의 주거공간이다.

(1) 양택의 3요소

1) 배산임수(背山臨水)

산을 등지고 물이 있는 쪽을 향해 건물이나 묘의 좌향을 잡는 배치 방법이다. 지면에서 높은 부분에 건물을 지어 지대가 낮은 쪽으로 내려다 볼 수 있어야 한다.

2) 전저후고(前低後高)

전저후고는 문자 뜻 그대로 앞부분은 낮고 뒤쪽은 높아야 한다는 것이다. 주된 건물은 높은 곳에 짓고 마당과 다른 부속건물은 낮은 곳에 위치하도록 한다.

3) 전착후관(前窄後寬)

전착후관은 출입구는 좁고 안은 넓어야 한다는 뜻이다. 음택의 수구와 비슷한 원리이다. 명당 혈은 수구가 적당히 좁아야 좋다고 본다.

(2) 좋은 양택의 조건

1) 하천이나 도로가 감싸준 안쪽을 선택한다.
2) 평탄한 곳에 건물을 짓는다.
3) 뒷산과 앞산 및 좌우의 산이 등져 있는 곳은 피한다.
4) 산의 골짜기는 피한다.
5) 매립지는 피한다.
6) 수맥이 지나는 곳은 피한다.
7) 주변 산이 높으면 높은 건물, 낮으면 낮은 건물을 지어야 좋다.
8) 산을 올려다보고 집을 지어서는 안 된다.
9) 큰 나무밑이나 높은 건물 밑은 피한다.
10) 모래땅이나 자갈땅은 피한다.
11) 집터보다 집 뒤가 낮은 곳은 피한다.
12) 건물의 모양은 주변의 산세와 어울려야 길하다.
13) 건물은 서로 마주보고 있는 모양이 길하고, 서로 등을 보이고 있으면 흉하다고 본다
14) 바람소리와 고압선 지전류를 피한다.
15) 남향집이라도 앞산이 너무 높으면 피한다.
16) 이밖에도 많은 조건이 있으나, 좋은 기운을 받고 나쁜 기운은 피해야 한다는 기본적 원리에 입각하여 살피면 된다.

해몽(解夢)

1. 해몽(解夢)과 영적(靈的) 신비력(神秘力)

우리는 모두 거의 매일 꿈을 꾼다. 꿈을 꾸지 않는 사람은 단 한 사람도 없다. 하룻밤 사이에 많은 꿈을 꾸고 나서 아침에 일어나기가 무섭게 다 잊어버리고 기억조차 못 하는 경우가 비일비재하다. 대부분의 사람이 그렇다. 이른바 '개꿈'이다.

그러나 다른 때와 달리 꿈이 기억에 생생하게 남고, 뭔가 의미가 있는 듯한 느낌이 드는 경우가 가끔 있다. 이런 날은 꿈 풀이, 즉 해몽을 해 보고 싶은 생각도 든다. 이런 경우 해몽을 제대로 해서, 그 꿈의 의미을 가능한 한 정확하게 짚어내는 것이 필요하다. 그럼 그 해몽을 누가 할 것인가? 내가 꾼 꿈을 내가 해몽할 것인가? 아니면 다른 사람에게 맡길 것인가? 다른 사람 누구에게 맡길 것인가? 그리고 그 해몽을 내가 어디까지 믿어야 할 것인가? 모두가 어려운 문제이다.

사람들이 꾸는 꿈이 비슷한 경우가 많다. 그래서 '그런 꿈을 꾸면 대개 이런 일이 있더라' 또는 '이런 의미가 있더라' 하는 식의 통계학적 해몽이 있을 수 있다. 해몽과 관련된 서적들은 대개 이런 사례를 나열해 놓는다. 이 책에서도 그 범주를 벗어나지 못한다.

그러나 이런 통계학적 꿈 해몽이 아닌, 영적(靈的) 신비력(神秘力)을 가진 사람에 의한 꿈 해몽이 있을 수 있다. 사람은 누구나 똑같은 듯하지만 다르다. 꿈 해몽을 잘하는 영적 신비력을 가진 사람이 있을 수 있다. 또 스스로 꿈을 꾸어, 어떤 일을 족집게처럼 예언하는 사람도 있다. 사주에 술(戌)이나 해(亥)가 많은 사람 중에 이런 영적 신비력을 가진 사람이 많다고 한다.

아무튼 그런 영적 신비력을 가진 사람을 가까이 두지 못 한 일반인들의 입장에서는 기존의 사례중심으로 꿈 해몽을 하는 수밖에 없다.

2. 해몽(解夢) 사례(事例)

(1) 산, 나무, 들, 땅에 관한 꿈

- 산에 불이 나면 길몽이다.
- 산이 무너지면 나쁜 꿈이다.
- 산중에서 길을 잃었을 때 어떤 사람이 구해주면 길몽이다.
- 산중으로 자꾸 들어가면 머지않아 모험을 하게 된다.
- 나무에 올라설 때 갑자기 나뭇가지가 부러지거나 떨어지면 나쁜 꿈이다.
- 숲 가운데 앉아 있거나 누워있는 꿈은 길몽이다.
- 넓은 들에서 혼자 서 있는 꿈을 꾸면 먼 곳에서 초대받는다.
- 넓은 들판에 큰 나무나 동상이 서 있는 것을 보는 꿈은 구설수가 있다.
- 지진으로 땅속으로 빠지는 꿈은 나쁜 꿈이다.
- 지진으로 집이 흔들리는 꿈을 꾸면 타인과 다투는 일이 생긴다.
- 바위 위에 올라가는 꿈은 길몽이다.
- 꿈에 큰 돌을 보면 재물을 얻는다.
- 산꼭대기나 지붕에 올라가는 꿈은 상사나 부하로부터 신임을 잃는다.

- 높은 산을 보는 꿈은 길몽이다. 귀인을 만나거나 재수가 좋다.
- 화산이 터지는 것을 본 꿈은 질병을 얻을 징조이다.
- 논이나 밭에서 허수아비를 보는 꿈은 뜻대로 일이 잘된다는 길몽이다.
- 산에서 떨어지거나 허공을 헤매는 꿈은 나쁜 꿈이니 행동에 조심해야 한다.
- 폭포가 힘차게 쏟아지는 것을 본 꿈은 길몽으로 귀인을 만나 성공하게 된다.
- 많은 산을 넘는 꿈는 할 일이 많아졌다는 의미이다.
- 누렇게 익은 벼가 들판에 가득한 것을 본 꿈은 길몽으로 원하는 대로 성취하고 문제가 다 해결된다.
- 나무를 심거나 가꾸는 꿈은 길몽으로 원하는 일이 이루어진다.
- 죽순이 성장하는 것을 보는 꿈은 자손이 번창한다는 길몽이다.
- 큰 나무에 올라가는 꿈은 지위가 높아지고 출세의 문이 열리는 길몽이다.
- 매화 꽃이 활짝 피어 있는 것을 본 꿈은 가문의 명성을 떨친다는 길몽이다.

(2) 바다, 강, 물에 관한 꿈

- 바닷물이 잔잔하고 배가 떠 있는 것을 본 꿈은 길몽으로 재수가 좋다.
- 자신이 물에서 알몸으로 헤엄치고 있는 꿈은 길몽으로 만사가 잘 풀린다.
- 냇가에서 낚시질을 하다가 물고기를 잡는 꿈은 길몽으로 경사가 일어난다.

- 물위를 걷는 꿈은 운수대통 길몽이다.
- 연못에 물이 가득 차 있는 것을 본 꿈은 사업성공 등 길몽이다.
- 자신의 몸이 우물이나 샘물에 비치고 있는 꿈은 출세 등 길몽이다.
- 연못에 자신이 빠지는 꿈은 신임을 잃게 되는 나쁜 꿈이다.
- 배를 타고 강이나 바다를 건너가는 꿈은 영전 등 길몽이다.
- 배를 타고 하늘을 날아다니는 꿈은 부귀영화를 누린다는 길몽이다.

(3) 하늘, 날짐승, 해, 달에 관한 꿈

- 하늘에 날아다니는 꿈은 길몽이다.
- 하늘이 붉어지는 꿈은 나쁜 꿈이다.
- 밤 하늘의 별들이 찬란하게 보이면 길몽이다.
- 해나 달이 자기의 몸을 비추는 꿈은 길몽이다.
- 아침 해가 솟아오르는 것을 본 꿈은 만사 잘 풀리는 길몽이다.
- 꿈에 북두칠성이 흐릿하게 보이면 근심할 일이 생긴다.
- 은하수를 건너는 꿈은 길몽으로 만사 잘 풀린다.
- 비행기를 타고 여행을 하는 꿈은 길몽으로 원하는 대로 성취된다.
- 우주선 발사를 보는 꿈은 길몽이다.
- 봉황새 · 독수리 · 매 · 백로 · 비둘기 · 원앙새 · 까치떼를 보는 꿈은 길몽이다.
- 까마귀가 우는 꿈은 나쁜 꿈으로 신망을 잃게 된다.

(4) 구름, 비, 바람 등 날씨와 기상에 관한 꿈

- 자신이 벼락을 맞는 꿈은 길몽으로 타인의 도움을 받아 성공한다.
- 천둥과 번개가 치는 꿈은 길몽으로 영정 등 경사가 있다.

- 태풍이 부는 것을 보면 만사가 잘 풀리는 길몽이다.
- 바람이 불어서 나무를 쓰러뜨리면 패가망신 등 나쁜 꿈이다.
- 눈을 맞는 꿈은 길몽으로 원하는 대로 만사 성취된다.
- 길 가다가 비를 만나는 꿈은 술마실 기회가 온다.
- 비가 오는데 우산이 없는 꿈은 이사하면 좋을 운이다.
- 홍수가 일어나 길이 막히는 꿈은 나쁜 꿈으로 재수가 없다.
- 무지개가 뜨는 꿈은 일이 성취될 수 있다는 좋은 꿈이다.

(5) 과일, 채소 등 음식물에 관한 꿈

- 자신이 포도를 먹는 꿈은 부귀를 누리는 길몽이다.
- 감이나 복숭아를 먹는 꿈은 이별했던 사람과 다시 만나는 징조다.
- 가지·감자를 보는 꿈은 길몽이다.
- 산삼이나 약초를 먹는 꿈은 즐거운 일이 생기는 길몽이다.
- 죽은 사람과 밥을 먹는 꿈은 일이 순조롭게 진행되는 징조다.
- 맥주를 마시거나 엿을 먹는 꿈은 나쁜 꿈이라고 본다.
- 불고기를 먹거나 우유를 배불리 먹는 꿈은 소원성취하는 좋은 꿈이다.

(6) 신체에 관한 꿈

- 자신이 벌거벗은 몸으로 사람들 앞을 지나다니는 꿈은 운수대통 길몽이다.
- 자신의 머리가 백발이 되거나 검어진 꿈은 부귀를 누리는 길몽이다.
- 자신의 머리털이 빠지거나 대머리가 되는 꿈은 매사 생각한 대로 일이 잘 안 풀리는 나쁜 꿈이다.
- 코피가 나는 꿈은 운수대통 길몽이다.

- 코가 평소보다 길어 보이는 꿈은 부귀를 누리는 길몽이다.
- 자기의 팔에 털이 많이 나는 꿈은 일이 순조롭게 풀리는 길몽이다.
- 남에게 자기의 목이 졸리는 꿈은 나쁜 꿈이다.
- 눈썹이 길게 나 보이면 여자 덕을 크게 보는 길몽이다.
- 자신의 몸이 화상을 입는 꿈은 만사 잘 풀리는 길몽이다.
- 손톱이 길어 보이면 재수가 좋고 짧아 보이면 손재수가 있다.
- 자신의 몸이 땅속으로 들어가는 꿈은 힘든 일에서 해방된 길몽이다.

(7) 집과 가재도구에 관한 꿈

- 자기집 대문이 저절로 활짝 열리는 꿈은 복이 굴러들어올 길몽이다.
- 건물에 불이 나서 활활 타오르는 것을 보는 꿈은 원하는 일이 순조롭게 잘 풀리는 길몽이다.
- 자기집 마당에 큰 길이 나 있는 꿈은 재수가 좋은 길몽이다.
- 높은 누각에서 술을 마시는 꿈은 돈이 들어올 길몽이다.
- 집안에 풀이 나는 꿈은 가산을 탕진할 징조이니 조심하라.
- 좋은 이불을 덮는 꿈은 대길의 징조이다.
- 바둑을 두는 꿈은 귀인의 도움이 있을 징조다.
- 가위를 보는 꿈은 재물이 생긴다는 길몽이다.
- 매우 좋은 책상이나 장롱이 방안에 가득한 꿈은 신분상승 등 길몽이다.

(8) 금, 은, 돈, 재물에 관한 꿈

- 금·은·옥으로 만든 빗을 얻는 꿈은 귀자를 낳을 징조이다.

- 금·은 덩어리를 얻는 꿈은 귀자를 낳을 징조이다.
- 귀중품을 잃어버리는 꿈은 나쁜 꿈이다.
- 돈을 줍는 꿈은 애정을 갈망하는 것으로 풀이한다.
- 꿈속에서 돈이 생길 경우, 많은 돈이면 길몽이고, 적은 돈이면 나쁜 꿈이다.
- 꿈속에서 보물이 산더미처럼 쌓여 있으면 일이 뜻대로 되지 않을 나쁜 꿈이다. 품안에 보물을 가득 안고 있는 꿈도 재물을 잃을 나쁜 꿈이다.
- 금이나 은, 구슬을 가지는 꿈은 행운이 따를 길몽이다.
- 도박으로 돈을 버는 꿈은 손재의 징조이다.

(9) 뱀과 파충류에 관한 꿈

- 칼로 뱀을 베어버리는 꿈은 운수대통 길몽이다.
- 뱀이 자신의 몸을 감는 꿈은 돈이 들어오는 길몽이다.
- 집안으로 뱀이 들어오거나 뱀이 사람을 무는 꿈은 길몽이다.
- 거미를 보는 꿈은 만사 잘 풀리는 길몽이다.
- 지네를 보는 꿈은 상인에게는 길몽이고, 사무관리직에게는 나쁜 꿈이다.

(10) 신, 신선, 귀신에 관한 꿈

- 신·신선이 되는 꿈은 만사형통의 길몽이다.
- 하늘에서 신의 음성이 들리는 꿈은 명예와 지위를 얻는 길몽이다.
- 신이 나타나 운세를 판단하여 주는 꿈은 길몽이다.
- 성인·선인이 집에 들어오는 꿈은 만사 잘 되는 길몽이다.
- 백발노인이나 신선과 이야기하는 꿈은 재수가 좋은 길몽이다.

- 신선이 자기를 부르는 꿈은 행운이 열리는 길몽이다.
- 도깨비가 나타나는 꿈을 꾸면 뜻밖의 일이 일어날 징조다
- 지옥에 깊이 떨어지거나 귀신 때문에 공포에 떨고 있는 꿈은 길몽이다.

(11) 죽음, 장례, 시체에 관한 꿈

- 자기가 사형을 당하는 꿈은 운수대통 길몽이다.
- 돌아가신 아버지가 나타나는 꿈은 재수가 좋은 길몽이다.
- 자신이 사람을 죽이는 꿈은 부귀를 누린다는 길몽이다.
- 자신이 죽는 꿈은 즐거운 일이 생기는 길몽이다.
- 집에서 제사를 지내는 꿈은 길몽이다.
- 땅속으로 몸이 저절로 들어가거나 무덤이 저절로 열리는 꿈은 길몽이다.
- 죽은 사람을 안고 있거나 목욕시키는 꿈은 길몽이다.
- 죽은 사람과 함께 음식을 먹는 꿈은 길몽으로 재수가 좋다.
- 무덤 위에 불이 나는 꿈은 재수가 좋은 길몽이다.
- 사람들이 나를 죽었다고 하는 꿈은 명이 길 징조이다.
- 자기가 관속으로 들어가는 꿈은 관재수가 있는 나쁜 꿈이다.
- 남의 상가에 가서 조문하는 꿈은 아들 낳는다는 길몽이다.
- 꿈에 상여를 보면 재물이 들어오는 길몽이다.

(12) 불, 도적, 거지, 혈벌에 관한 꿈

- 자기의 집이 불에 타고 있는 꿈은 뜻하지 않은 재물이 들어오고 만사가 순조롭게 풀릴 길몽이다.
- 집에 불이 나서 금고를 들고나오는 꿈은 사랑하는 사람에 대한

애정에 불이 붙는 것으로 풀이한다.

- 자기집 부엌에서 불이 나는 꿈은 뜻하지 않은 좋은 일이 생길 길몽이다.
- 꿈속에서 불이 나서 산과 들이 온통 타고 있는 꿈은 새로운 직장이 생기거나 반가운 손님이 올 길몽이다.
- 세찬 불길에 온몸이 타는 꿈은 출세하는 등 길몽이다.
- 꿈속에서 도둑이 들어와서 물건을 집어가면 뜻밖에 횡재하는 길몽이다.
- 도둑에게 칼침을 맞는 꿈을 꾸면 뜻밖에 행운이 오는 길몽이다.
- 도둑이 칼에 찔려서 피를 흘리는 꿈은 행운이 찾아오는 길몽이다.
- 꿈속에서 거지를 보면 대길하다는 길몽이다.
- 자기가 거지가 되는 꿈은 생활이 윤택해질 길몽이다.
- 꿈속에서 형벌을 받으면 금은보화가 생기는 길몽이다.
- 사형선고를 받고 죽는 꿈은 운수대통할 길몽이다.

(13) 살인, 강간, 폭행에 관한 꿈

- 사람에게 살해당하는 꿈은 길몽이다.
- 사람을 죽이는 꿈은 운수대통 길몽이다.
- 꿈속에서 칼로 서로 찔러서 피가 흐르면 길몽이나 피가 없으면 재수가 없다.
- 남과 싸워서 때리는 꿈은 손실이 있는 나쁜 꿈이고, 맞으면 좋은 꿈이다.
- 꿈속에서 형제가 서로 때리면 길몽이다.
- 꿈속에서 남에게 얻어 맞은 꿈은 건강해지는 등 길몽이다.
- 꿈속에서 사람에게 강간을 당하면 재물이 생길 길몽이다.

- 꿈속에서 첩이나 여자에게 두들겨 맞으면 나쁜 꿈이다.

(14) 길, 다리, 똥, 화장실에 관한 꿈

- 꿈속에서 길을 고치거나 새 길을 걸으면, 만사가 잘 될 길몽이다.
- 꿈속에서 처음 길이 험하나 나중에 좋으면, 매사 안 풀리고 어렵다가 나중에 좋을 길몽이다.
- 다리 위에서 누가 나를 부르는 꿈은 소송에서 승리할 길몽이다.
- 내가 다리 위에서 남을 부르는 꿈은, 대답이 있으면 좋고 없으면 나쁜 꿈이다.
- 꿈속에서 똥을 보는 꿈은 좋은 길몽이지만, 밟든지 빛깔이 검으면 나쁘다.
- 누런 똥이 자기의 몸을 덮치는 꿈은 운수대통 길몽이다.
- 변소에 빠졌다가 나오는 꿈은 길몽이나, 남의 똥에 주저앉으면 나쁜 꿈이다.

(15) 기타

- 자기 집안이 가난해지는 꿈은 만사 순조롭게 풀릴 길몽이다.
- 꿈속에서 꿈을 꾸는 꿈은 주변정리를 잘 하라는 나쁜 꿈이다.
- 세수를 하고 단정하게 머리를 빗는 꿈은 사업이 번창하는 등 길몽이다.
- 배우자와 이혼을 하는 꿈은 이혼하고 싶지 않다는 마음을 나타낸 것이다.
- 꿈속에서 자신이 미치광이가 된 꿈은 어려움에서 탈출하는 길몽이다.
- 꿈속에서 위패를 들고 있으면 좋은 배우자를 만날 길몽이다.

- 꿈속에서 외국으로 여행을 가면 새로운 좋은 일이 생길 길몽이다.
- 꿈속에서 자기 혼자 노래하고 춤을 추면 구설수가 생길 징조이다.
- 여러 사람이 흥겹게 노래하는 꿈은 좋은 일이 생길 길몽이다.
- 무엇인가에 쫓겨서 도망치지만 발이 잘 떨어지지 않는 꿈은 부모에 대한 반항과 독립욕구, 자유에 대한 갈망, 욕정에 몸을 맡기고 싶은 심정 등으로 풀이한다.
- 꿈속에서 입신출세하는 꿈은 파란이 생길 나쁜 꿈이다.
- 꿈속에서 사람이 목욕하는 것을 보면 질병이 없어질 길몽이다.
- 꿈속에서 돌아가신 부친과 만나면 재수가 좋은 길몽이다.
- 자기의 유방이 크게 부풀어 오르는 꿈은 여성의 경우 혼인, 임신 등 길몽이다. 나이가 든 여성의 경우는 사업운 등이 좋다.
- 자기의 머리가 백발이 되는 꿈은 부귀를 누릴 길몽이다.
- 꿈속에서 자기 집을 팔면 운수대통 길몽이고 집을 사면 장수할 징조이다.
- 꿈속에서 여관에 들어가는 꿈은 진행 중인 일이 중단된다는 의미로 풀이되고 여관에서 곧장 밖으로 나오면 일이 잘 풀릴 길몽이다.
- 꿈속에서 자기의 혁대가 없어지면 직장을 잃거나 연인 또는 친구와 헤어진다.
- 귀한 사람으로부터 선물을 받는 꿈은 행운이 따를 길몽이다.
- 꿈속에서 다른 사람과 성교하면 바라던 이성과 결합이 이루어진다.
- 술집에서 기생을 희롱하는 꿈은 건강에 이상이 생길 나쁜 꿈이다.
- 꿈속에서 자신이 불구가 되면 길몽이다.
- 꿈속에서 술에 취해 길 위에 눕는 꿈은 배신당하는 등 나쁜 꿈이다.
- 꿈속에서 용을 보면 만사 잘 풀릴 길몽이다.
- 꿈속에서 개를 보면 부모로부터 자유롭고 싶은 욕망으로 풀이한다.
- 꿈속에서 무리를 지은 새떼가 하늘을 날면 재수가 있다는 길몽이다.

- 꿈속에서 돼지가 나타나는 꿈은 복권당첨 등 길몽이다.
- 꿈속에서 기린·양·학·고래·잉어를 보면 길몽이다.
- 물 위의 배가 나를 향해 달려오는 꿈은 행운이 찾아올 길몽이다.
- 돛단배가 내 앞으로 지나가는 꿈은 나쁜 꿈으로 본다.
- 꿈속에서 영화관에서 영화를 보면 휴식이 필요한 것으로 풀이한다.
- 도끼를 보는 꿈은 큰일을 맡을 길몽이다.
- 꿈속에서 누군가에 의해서 목이 졸리고 있어서 소리를 쳐도 소리가 나지 않은 것은 자신이 어떤 일을 후회하고 있는 것으로 풀이한다. 흉몽은 아니다.
- 전쟁이 일어나서 금방 끝나는 꿈은 어려움을 극복할 징조로 보고 오래 끌면 어려움이 금방 해소되지 않는 것으로 풀이한다.
- 밧줄이나 새끼줄로 자신의 몸이 묶여진 꿈은 행운이 따를 길몽이다.

토정비결(土亭秘訣)

1. 토정비결(土亭秘訣)이란 무엇인가?

토정비결(土亭秘訣)은 조선 선조 때 토정(土亭) 이지함(李之菡, 1517~1578)이 지은 것으로 알려져 있는 운명 예언서이다. 포천현감을 지낸 이지함은 마포나루 강변에 흙담 움막집을 짓고 그 위에 다시 정자(亭子)를 지어, 낮에는 정자에서 지내다가 밤에는 움막집에서 살았다고 하여, 토정(土亭)이라는 호(號)가 붙게 되었다고 한다.

토정이 토정비결을 쓰게 된 동기는 다음과 같이 전해진다. 당시 경제적으로 궁핍하여 생활고에 시달리던 서민들이 자신들의 삶이 왜 이렇게 힘든지 그리고 언제까지 이렇게 살아야 하는지를 알고 싶어, 토정을 찾아가 신수(身數)를 봐 달라고 하였다. 이렇게 하여 토정은 이들에게 1년 운세인 신수를 봐 주게 되었고, 어느새 토정이 예언이나 술수에 능하다는 소문이 퍼지면서 1년 신수를 봐 달라는 사람들이 점점 많아지자, '토정비결(土亭秘訣)'이라는 책을 지었다고 전해진다.

그러나 토정비결이 유행했던 시기는 19세기인데, 이지함은 16세기 사람이라는 이유 등으로 토정비결을 이지함이 지었다고 단정할 수 없다는 견해도 있다. 그러나 필자는 이지함이 토정비결의 저자라고 본다.

토정비결은 주역의 384효(爻)를 근간으로 384괘(卦)를 만들고 이를 바탕으로 상·하권의 토정비결을 지어 내놓았는데, 신기하게도 그 적중률이 높아 과신(過信)하다 보니 무위도식 등 악용하는 사례가 발생하였다. 이에 토정은 일반 서민들이나 위정자들의 악용을 방지하기 위하여 하권에 해당하는 240괘를 버렸다고 한다. 그리하여 지금 전해져 내려오는 것은 상권 144괘뿐이다.

토정비결은 해당 년도의 1년 운(또는 월별 운)을 보는 것이라 년초(年初)에 재미삼아 많이 보지만, 명리사주학의 입장에서는 그다지 중요시하지 않으며 다만 참고만 할 뿐이다.

2. 토정비결(土亭秘訣) 보는 법

토정비결을 보려면 '괘(卦)상수 조견표'가 있어야 한다. 괘상수 조견표에서 상수, 중수, 하수를 찾아서 순서대로 배열하면 세 자리 숫자의 괘상수가 나온다. 이 괘상수의 풀이가 1년 신수가 된다. 이하 사례하나를 들어, 2020년도 토정비결을 보기로 한다.

(1) 괘상수 찾기(음력 기준)

첫째, 내 나이를 기준으로 하여 해당하는 상수(태세)를 찾는다.
둘째, 태어난 달을 기준으로 하여 중수(월건)를 찾는다.
셋째, 태어난 날을 기준으로 하여 하수(일진)를 찾는다.

위 상수, 중수, 하수의 순서대로 배열하면 세 자리 숫자의 괘상수가 된다. 예를 들어, 음력 1980년 8월 15일생의 2020년 토정비결 괘상수를 찾아본다.

나이는 (2020년) - (1980년) + (태아기 한 살) = 30 + 1 = 31세이다.
괘상수 조견표를 보면,

상수는 2가 된다
중수도 2가 된다
하수도 2가 된다
순서대로 배열하여 222가 괘상수가 된다.

(2) 괘상수와 신수(1년 운세)

위에서 1980년 8월 15일생(음력)의 2020년 토정비결 괘상수는 222가 된다. 해당 운세(1년 신수)를 살펴보면,

괘상수
222
태지수(兌之隨)

형이냐 동생이냐 동갑의 해로다. 운수가 불리하니 좋은 일에 마가 따른다. 뜻은 있으나 이루지 못하니, 신수를 어찌하랴. 해가 서산에 저무는데 진퇴를 알지 못한다. 재물이 여행 중에 있으니 구하면 얻는다. 머리는 작고 몸은 약하니, 일을 능히 감당치 못한다. 산을 끼고 바다를 건넘이 오히려 헛됨이로다. 운수가 막히고 명이 막혀 재물이 흩어짐이 많다. 멀리 여행감이 이롭지 못하니, 분수를 지킴만 못하다.

1월

구름 밖 만 리에 혈혈한 외로운 몸이라. 집터가 발동하니 가정이 불안하다. 가운이 비색하니 근심이 떠나지 않는다.
(처음은 흉하나 나중에 길한 달이다. 먼저 흉하고 나중에 길하

니 재물이 진진(津津, 아주 넉넉하게 많다.)할 운수의 달이다. 혹여 소복을 입어 볼 수도 있으니, 초상집에 가지 말아야 한다. 밝은 달이 구름에 가려지니, 달빛을 볼 수 없는 형국이다.)

2월

매화가 만개화니 그 향기가 새롭다. 이익은 어느 곳에 있는고. 반드시 서쪽에 있다. 여자를 가까이 하지 마라. 해롭고 구설이 있다. (구설수가 있는 달이다. 초나라에 들어가 조나와 도모하니. 구설이 많을 운수이다. 대인관계에 신경 써야 할 달이다. 신수가 불길하고 질병이 찾아드는 좋지 않은 운수이다. 하는 일마다 막힘이 있으니, 원행하면 역시 불리한 달이다.)

3월

재성이 공을 만나니 재물을 구해도 얻지 못한다. 집에 병고가 있으니 마음이 불안하다. 비록 길함이 있으나 얻는 것은 없다. (처음은 곤란을 겪으나 나중에 길한 달이다. 삼월과 사월에는 먼저는 곤란을 겪고, 나중에는 길하게 되는 형국이다. 좋은 터로 이사를 한다면 반드시 복록이 진진할 것이다. 만일 귀인을 만나게 되면 귀인을 제대로 알아보고 잘 대한다면, 재수가 대길할 것이다.)

4월

의외로 공명하니 다른 사람이 많이 흠모한다. 재물손실이 몸에 따르니 금성(金姓)을 가까이 마라. 녹이 사방에 있으니 태평히 지낸다.

5월

괴지에 가지 마라. 횡액이 두렵다. 인정을 생각지 마라. 오히려 그 해를 받는다. 일이 여의치 못하니 이것을 어찌하랴.

6월

물과 불을 조심하라. 횡액수가 있다. 시비수가 있으니 남과 다투지 마라. 혹여 이같이 하지 않으면 구설을 면하기 어렵다.

7월

동북 양방에 헛 명성이 있다. 사고무친하니 어느 곳에 의탁할고. 화방을 가까이 마라. 본처를 이별한다.

8월

문을 나가지 마라. 뜻하지 아니한 액이 있다. 손재수가 있으니 모든 일을 조심하라.

9월

망녕되이 움직이지 마라. 횡액수가 있다. 운수가 불리하니 다시 남의 해를 입는다. 한 번 슬프고 한 번 근심하니, 길흉이 상반한다.

10월

마음에 노고가 많으나 마침내 길함이 있다. 동쪽으로 오는 사람은 필시 원수가 된다. 귀장을 가까이 마라. 손재를 면하지 못 한다.

11월

음양이 불합하니 부처가 불화하다. 작은 재물이 있으니, 구하면 손에 들어온다. 금년의 운수는 먼저 흉하고 뒤에 길하다.
(이달은 불조심을 해야 하는 달이다. 동짓달과 섣달에는 불조심을 해야 하는 달이다. 미리 대비하여 불조심을 한다면 무사히 넘어갈 것이다. 재수있기를 원한다면, 시장으로 나가서 구하면 소원 성취하는 운이다.)

12월

비록 재물이 있으나 얻는 것이 오히려 흉하다. 혹여 화성(화성)을 가까이 하면 손해를 면하기 어렵다. 일에 두서가 없으니 세상일이 뜬구름이다.
(나가도 머물러도 이익이 없는 달이다. 집에 있어도 답답하고, 나가도 내가 노닐 곳이 없은 형국이다. 木姓(강, 김, 박, 조, 추 등 성씨)과 상대함이 불리하니 조심해야 한다. 북쪽과 남쪽 두 방향에서는 나를 도와주는 사람이 적은 달이다.)

위 예시문에서 1월, 2월, 3월, 11월, 12월의 각 괄호 속 글은 토정비결 월운을 각색해서 풀이한 또 다른 예시문이다. 서로 비교해 보자는 의미에서 넣었는데, 학자에 따라(또는 토정비결 책에 따라) 동일한 괘상수에 대한 풀이가 이렇게 크게 달라질 수 있다. 오늘날 토정비결에 대한 신뢰도가 높지 않은 이유를 단적으로 보여주는 사례라고 본다.

2020년

단기 4353년 · 경자년

상수(태세)

연령	경자 1	기해 2	무술 3	정유 4	병신 5	을미 6	갑오 7	계사 8	임진 9	신묘 10	경인 11	기축 12	무자 13	정해 14	병술 15	을유 16	갑신 17	계미 18	임오 19	신사 20
상괘	4	5	6	7	8	1	2	3	4	5	6	7	8	1	2	3	4	5	6	7
연령	경진 21	기묘 22	무인 23	정축 24	병자 25	을해 26	갑술 27	계유 28	임신 29	신미 30	경오 31	기사 32	무진 33	정묘 34	병인 35	을축 36	갑자 37	계해 38	임술 39	신유 40
상괘	8	1	2	3	4	5	6	7	8	1	2	3	4	5	6	7	8	1	2	3
연령	경신 41	기미 42	무오 43	정사 44	병진 45	을묘 46	갑인 47	계축 48	임자 49	신해 50	경술 51	기유 52	무신 53	정미 54	병오 55	을사 56	갑진 57	계묘 58	임인 59	신축 60
상괘	4	5	6	7	8	1	2	3	4	5	6	7	8	1	2	3	4	5	6	7
연령	경자 61	기해 62	무술 63	정유 64	병신 65	을미 66	갑오 67	계사 68	임진 69	신묘 70	경인 71	기축 72	무자 73	정해 74	병술 75	을유 76	갑신 77	계미 78	임오 79	신사 80
상괘	8	1	2	3	4	5	6	7	8	1	2	3	4	5	6	7	8	1	2	3
연령	경진 81	기묘 82	무인 83	정축 84	병자 85	을해 86	갑술 87	계유 88	임신 89	신미 90	경오 91	기사 92	무진 93	정묘 94	병인 95	을축 96	갑자 97	계해 98	임술 99	신유 100
상괘	4	5	6	7	8	1	2	3	4	5	6	7	8	1	2	3	4	5	6	7

중수(월건)

월별	정월(대) 무인	2월(소) 기묘	3월(대) 경진	4월(대) 신사	윤4월(소) 신사	5월(대) 임오	6월(소) 계미	7월(소) 갑신	8월(대) 을유	9월(소) 병술	10월(대) 정해	11월(소) 무자	12월(대) 기축
중괘	6	3	1	5	4	3	6	3	2	5	4	1	5

하수(일진)

월별	1	2	3	4	5	6	7	8	9	10	11	12	13	14	15	16	17	18	19	20	21	22	23	24	25	26	27	28	29	30
정월(대)	3	3	1	1	2	1	1	1	2	2	1	1	3	3	2	2	3	1	1	2	3	3	1	1	1	1	3	2	3	2
2월(소)	2	3	3	3	2	2	2	1	3	3	1	3	2	3	1	1	3	2	2	2	1	1	1	3	3	1	2	1	3	
3월(대)	1	1	1	2	2	3	2	2	2	3	3	2	2	1	1	3	3	1	2	2	3	1	1	2	2	2	2	1	3	1
4월(대)	3	3	1	1	1	3	3	3	2	1	1	2	1	3	1	2	2	1	3	3	3	2	2	2	1	1	2	3	2	1
윤4월(소)	1	1	1	2	2	3	2	2	2	3	3	2	2	1	1	3	3	1	2	2	3	1	2	2	2	2	2	1	3	
5월(대)	2	1	1	2	2	2	1	1	1	3	2	2	3	2	1	2	3	3	2	1	1	1	3	3	3	2	2	3	1	3
6월(소)	2	2	2	2	3	3	1	3	3	3	1	1	3	3	2	2	1	1	2	3	3	1	2	2	3	3	3	3	2	
7월(소)	2	3	2	2	3	3	3	2	2	2	1	3	3	1	3	2	3	1	1	3	2	2	2	1	1	1	3	3	1	
8월(대)	3	2	1	1	1	1	2	2	3	2	2	2	3	3	2	2	1	1	3	3	1	2	2	3	1	1	2	2	2	2
9월(소)	1	3	1	3	3	1	1	1	3	3	3	2	1	1	2	1	3	1	2	2	1	3	3	3	2	2	2	1	1	
10월(대)	3	1	3	2	2	2	2	3	3	1	3	3	3	1	1	3	3	2	2	1	1	2	3	3	1	2	2	3	3	3
11월(소)	3	2	1	2	1	1	2	2	2	1	1	1	3	2	2	3	2	1	2	3	3	2	1	1	1	3	3	3	2	
12월(대)	3	1	2	1	3	3	3	3	1	1	2	1	1	1	2	2	1	1	3	3	2	2	3	1	1	2	3	3	1	1

관상학(觀相學)

1. 관상(觀相)의 의의(意義)

보통 관상(觀相)이라고 하면, 얼굴상인 면상(面相)을 말한다. 관상 중에서 얼굴상을 가장 중시하다 보니, 관상은 곧 면상이라고 생각하게 된 것이다. 그러나 관상은 면상(面相)만 있는 것이 아니다. 손금을 보는 수상(手相), 몸의 형상을 보는 체상(體相), 목소리를 보는 성상(聲相), 발바닥을 보는 족상(足相), 몸에 분포된 점을 보는 점상(點相)도 관상의 범주에 들어간다. 여기에 사람의 이름이나 상호 등을 보는 명상(名相)까지도 관상이라고 하는 분이 있다.

중국 남북조시대 선종의 개조인 달마대사(達磨大師)의 상법과 송나라 시대 진박(陳博)이 전수받았다는 마의상법(麻衣相法)을 중국에 유학한 여러 학자를 통해 도입함으로써, 우리나라의 관상학이 시작된 것으로 보고 있다.

중국으로 거슬러 올라가면, 전국시대 진나라 소양왕이 증손인 영(훗날 진시황)의 관상을 보고 훗날 천하를 통일하게 될 상이라고 말한 바 있고, 역사소설 초한지에도 한고조 유방의 장인 여문이 유방의 관상을 한눈에 보고 제왕이 될 상이라고 말하면서 딸과 결혼시킨 내용이 있으며, 허부라는 관상가가 산중의 초라한 집에 살고 있는 척씨 여인이 훗날 귀(貴)하게 될 상이라고 말하여 훗날 한고조의 둘째 부인이 된 내용 등이 있는 것으로 보아, 달마대사가 인도에서 중국으로 와서 활동한 남북조시대 훨씬 이전부터 관상학이 발달한 것으로 추정되고 있다.

관상은 해몽과 마찬가지로 '이런 모습은 대개 이런 운세'라는 경험적, 통계학적 확률에 의존할 수밖에 없다. 이런 의미에서 관상학이란 여러 가지 관상에 대하여 이러한 경험적, 통계학적 확률을 바탕으로 체계화한 학문이라 말할 수 있다.

그러나 위에서도 언급한 바와 같이 한눈에 관상을 척 보고 어떤 운세인지 적중시키는 역사적 사례들이 등장하는 것을 보면, 경험 외에 특별한 영적 신비력이 함께 갖추어져야 한눈에 척 알아보는 관상의 대가가 될 수 있는 것이 아닌가 하는 생각이 든다.

그리고 오늘날은 의식주면에서 부족한 점이 없어 대부분의 사람은 외관이 수려하고 기색이 좋으며, 또한 성형수술이 발달하여 원래의 타고난 모습을 수정하기 때문에 전통적인 관상법으로 관상을 보는 것은 실정에 맞지 않는다고 본다. 따라서 관상을 볼 때는 사주도 함께 보아서 관상으로 사주법을 보완하는 것이 바람직하다고 생각한다.

이 책은 관상학에 대한 전문 서적이 아니기 때문에 기존의 관상학 교과서에 나와 있는 얼굴상 등에 대한 설명은 생략하고, 손금 13개 선(線)에 대해서만 간략하게 언급하기로 한다.

2. 손금 13개 선(線)

(1) 생명선(生命線)

엄지와 검지의 사이에서 시작되어 손바닥의 중앙부를 지나 손목에 이르는 굵은 선을 생명선이라 한다. 사람의 수명의 길고 짧음을 나타낸다. 손목쪽으로 길게 뻗어 있으면 장수한다고 본다.

(2) 두뇌선(頭腦線)

생명선과 비슷한 곳에서 시작되어 생명선의 윗부분으로 선을 그리면서 손바닥의 볼록구 쪽으로 달리는 굵은 선을 두뇌선이라 한다. 사람의 지능의 정도를 나타낸다. 길게 뻗어서 월구까지 닿으면 천재라 할 수 있다.

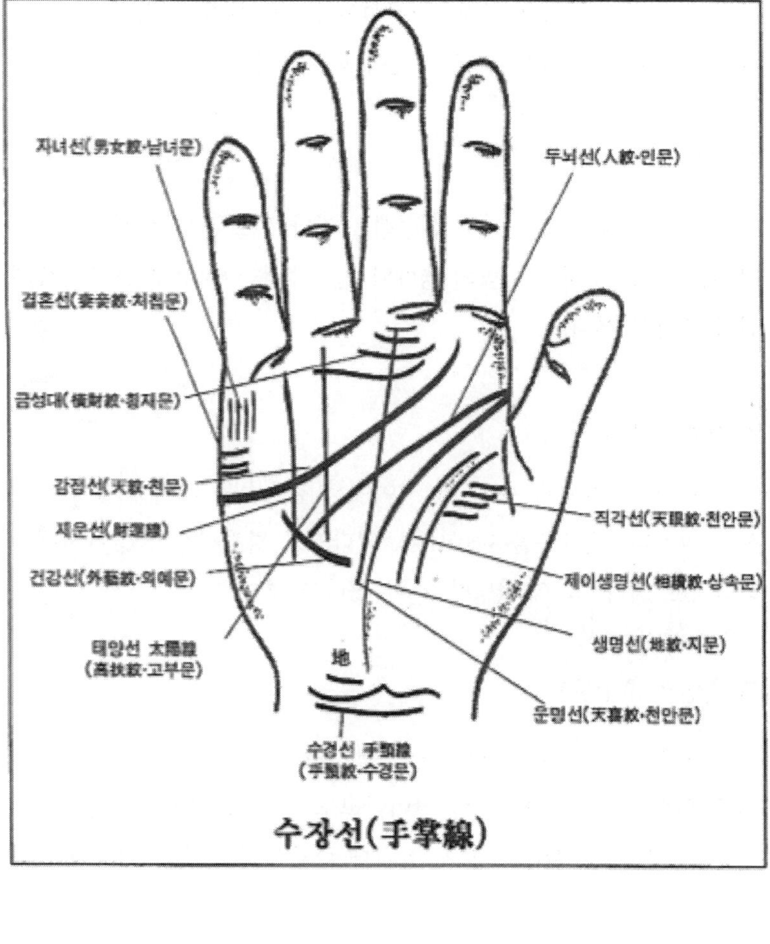

수장선(手掌線)

(3) 감정선(感情線)

새끼손가락 아래(손마디 하나 정도 밑)에서 출발하여 두뇌선 위로 달리는 굵은 선을 감정선이라 한다. 성격선이라고도 하며 사람의 성정을 나타낸다. 깊고 선명하고 끊어지지 않아야 좋다.

(4) 운명선(運命線)

손목 가운데 부위에서 출발하여 중지(셋째 손가락)를 향하여 올라가는 선을 운명선이라 한다. 직업선이라고도 하며, 사람의 성공운을 나타낸다. 깊고 선명하고 곧은 선이 좋다고 본다.

(5) 태양선(太陽線)

약지(넷째 손가락)밑에서 감정선을 지나 세로로 있는 선을 말한다. 명예선이라고도 하며 사람의 명예와 인기 등을 나타낸다. 곧고 선명한 선이 좋다고 본다.

(6) 재운선(財運線)

약지와 소지(세끼 손가락) 사이에서 감정선을 지나 세로로 있는 선을 말한다. 재물운을 나타내며, 없다가도 경제사정이 좋아지면 나타나기도 한다. 곧고 선명한 선이 좋다고 본다.

(7) 혼인선(婚姻線)

새끼손가락 밑에 감정선 위로 가로로(옆으로) 짧게 난 선으로 대개 2~3개의 선이 있다. 결혼선이라고도 하는데 선이 3개를 넘으면 결혼을 2번 이상 한다고 보지만 그대로 들어맞는 것은 아니다. 손금을 보던 부부가 혼인선 때문에 부부싸움을 하기도 하지만 너무 의미를 두는 것은 바람직하지 않다.

(8) 자녀선(子女線)

결혼선 위에 짧게 세로로 된 금을 말하는데 손금 가운데 가장 짧고 가늘어 잘 보이지 않는 경우가 많다. 굵고 튼튼한 것은 아들이고 가늘고 작은 것은 딸이며 선의 개수에 따라 자녀 수를 둔다고 하지만, 오늘날 잘 맞지 않는 경우가 많다.

(9) 횡재문(橫財紋)

중지(가운데 손가락)밑에 가로로(옆으로) 나 있는 몇 개의 선으로 금성대라고도 한다. 재물에 대한 운을 나타내며 대개 없는 사람이 많다.

(10) 제2생명선(生命線)

생명선 밑에 생명선과 비슷한 모양으로 그어진 선을 말하며, 상속문이라고도 한다. 이 선이 선명하게 있는 사람은 조상의 유산을 상속받는다고 한다.

(11) 직각선(直覺線)

제2생명선에서 가로로(옆으로) 짧게 나 있는 몇 개의 선으로, 직감력과 신비성을 나타낸다고 한다.

(12) 건강선

약지 밑 두뇌선 부근에서 새끼손가락 방향으로 비스듬이 나 있는 짧은 선으로 건강상태를 나타낸다. 건강선이 보이지 않더라도 건강이 나쁘다고 단정할 수는 없으며, 건강선이 보이지 않는 사람도 많다.

(13) 제2건강선

손목 가운데 부위에 가로로(옆으로)나 있는 몇 개의 선으로 수경선이라고도 한다. 건강상태를 나타낸다고 본다.

예로부터 손금을 볼 때 남자는 왼손, 여자는 오른 손을 본다고 하는 달마상법(達磨相法)이 전해져 왔다(男左 女右). 그러나 이 달마상법은 신빙도가 떨어진다고 하여 그대로 채택되지 못하고 있다. 오늘날은 남자든 여자든 모두 왼손, 오른손 양손을 다 보아야 한다고 한다. 다만 남자는 왼손, 여자는 오른손을 좀 더 비중 있게 보면서 종합적으로 판단하는 것이 좋다고 한다.

남자의 경우 왼손은 선천운을 나타내고 오른손은 후천운을 나타내기 때문에(여자는 반대) 후천적으로 열심히 노력을 많이 해서 운세가 좋아지면, 오른손 손금이 좋아진다고 하는 견해도 있다.

오늘날 손금은 관상학에서 분리되어 별도로 수상학(手相學)으로 다루어지기도 한다. 손금이든 얼굴상이든 과신하지 않는 것이 좋으며, 공자의 말씀인 '만상불여심상(萬相不如心相)'을 가슴에 새기고 의로운 마음으로 바르게 살아가면, 당장은 어렵더라도 언젠가는 큰 복을 받게 될 것이다.

편저자

박 영 태

경상남도 산청 출생.
진주중학교 졸업.
경동고등학교 졸업.
서울대학교 법과대학 법학과 졸업.
공무원 등 다수 경력.

사주학 입문

인 쇄 2020년 11월 18일
발 행 2020년 11월 20일

저 자 박영태
발행자 김종호
발행처 도서출판 지샘
서울시 노원구 광운로 3길 5
전화 02-461-5858
팩스 02-461-4700
출판등록 제4-339호
ISBN 89-94534-20-6
정 가 30,000원